生産管理と
マネジメントの進化

Production Control and Evolution of Management

文　載皓 編著

学 文 社

執　筆　者

＊文　載皓　常葉大学経営学部経営学科准教授（序章・第5・6・7章）

田村　豊　愛知東邦大学経営学部国際ビジネス学科教授（第1・2・3章）

近藤秀和　常葉大学経営学部経営学科准教授（第4・8章）

（執筆順，＊は編者）

はしがき

　本書の副題にも示されている生産管理は一言でいうと地味な仕事というイメージが強い。近年では「きつい，汚い，危険」の頭文字を意味する3Kのイメージが大分薄れてきたとはいえ，未だに日本の中小企業の多くは製造業の分野で従事している従業員たちを抱えているのが現状である。20世紀までに製造王国として世界を支配していた日本は21世紀に入り，過去に威厳を備えていた様子は今や見る影も薄れている。非常に残念であるが，受け入れなければならない宿命のようなものかも知れない。だからといって生産管理やものづくりに対する企業の戦略上の重要性が決して問われていない訳ではないであろう。2021年の製造品出荷額は47兆8,946億円となり，全体産業で占める割合は14.5%となっている。まさに45年連続で日本一を誇っているのも製造業が日本で象徴する最強のイメージはなかなか崩れないのを目の当たりにしている。

　日本の企業が製造王国の座を譲っている間に，隣国である中国や韓国の企業を始め，TSMCに代表される台湾のメーカーも世界屈指の大企業として活躍している。バブル経済の崩壊後，日本の企業が失われた30年を悔やんでいる間に，他国の競合他社は次々とより俊敏でスマートな姿に企業の体質や戦略を変えてきた。

　もちろん，多くの日本企業の成長に歯止めがかかり，長期にわたって停滞している中，抜本的に企業戦略を変え，優れた経営者の主導の下で変革に成功しているソニー，日立，富士フイルムなどのように近年脚光を浴びている企業も少なくない。特に，戦後長い間日本の生産現場の主軸であったと思われていた団塊世代が次々とものづくりの現場から離脱する場面では，日本企業の将来に対して憂慮の念を隠そうともしなくなっている。戦後直後の時期である1947年から49年までの間に生まれ，第1次ベビーブーマー時代を形成している彼らが日本の経済に与えた影響は至大であったのも過言ではない。一方，団塊世代の後続として位置づけられ，トヨタなどで問題視していた「働かない50代」をいかに解決する

かも製造業の経営者たちが乗り越えなければならない大きな壁として認識されている。

本書は，タイトルからイメージできるように，生産管理について経営学的な観点から概説した書籍としての性格が強い。本書は全体的に3部の構成となっている。具体的には，第1部（生産管理の登場と社会的要因，第1章～第2章），第2部（生産管理の基本構造，第3章～第5章），第3部（生産管理の実践，第6章から第8章）について検討した。生産管理の手法や技法がいかに生産現場で実践されているかについて検討した。第1部と第2部では生産管理のオーソドックスな理論とその実践について触れたのに対し，第3部ではイノベーション，リスクマネジメント，サプライチェーン・マネジメントといった近年注目されている分野を中心にピックアップした。

さらに，各章の冒頭に「学習目標」を設定して課題を取り上げ，各章の最後にその答えを「まとめ」の形で整理している。これらの工夫は，いうまでもなく，焦点がずれないための，読者に対する配慮として理解していただきたい。

本書の執筆メンバーは，アカデミック畑だけで構成されたことによる机上の空論に偏ることを避けるため，長年企業での実務経験を積んできた人材も加わっている。また，トヨタに代表される日本企業だけでなく，スウェーデンや韓国の自動車メーカーの現場を長年観察した経験も本書を構成する上での重要な基盤となっている。

さらに，大学や企業研修においてテキストとして利用されることを想定し，現実の生産管理がどのような方向性を目指して発展及び変化しているのかについても取り上げた。

最後に，本書づくりのために献身的にサポートしてくれた学文社の田中千津子社長に深甚なる感謝の意を表する。

2025年3月

著者一同

目　　次

はしがき　i

序章　生産管理の位置付け ………………………………………………… 1
  1.　意思決定プロセスと生産管理　1
  2.　人的資源管理と生産管理　3
  3.　生産技術と生産管理　7
  4.　CSR と生産管理　8

第 1 章　生産管理論の課題と背景 ……………………………………… 13
  1.　生産管理の扱う対象と生産管理が生み出された背景　13
  2.　生産管理を学ぶためのポイントはどこか？　キー・コンセプトを理
     解しよう　15
  3.　転換期を迎えている今をどのように考えるか　24
  まとめ　28

第 2 章　生産管理の歴史と展開
     テイラー的管理思想の生成からフォード・TPS まで ……………… 31
  1.　生産管理の骨格：テイラーからフォードそしてリーンへ　31
  2.　テイラー：「科学的管理法」　32
  3.　「科学的管理法」と現代の生産管理との関係　39
  4.　欧米と日本の組織原理―「日本的」とは何だろうか　45
  まとめ　50

第 3 章　大量生産の管理
     生産ラインの技術と組織管理 ……………………………………… 53
  1.　フォードの大量生産モデルの登場まで　53
  2.　現代の大量生産方式の原型：フォードの生産方式　55

iv

3. 転換："Made in America" の衰退と日本の台頭　60
まとめ　70

第4章　大量生産における品質管理 ………………………………… 73
1. 製造業の分類　73
2. 品質とは何か　74
3. 製品の品質　77
4. 品質管理とは　78
5. 品質の基準と不良　82
6. 品質管理　84
7. 予防と対処にかかるコスト　92
まとめ　96

第5章　トヨタ生産方式 ……………………………………………… 99
1. トヨタ生産方式の意義　100
2. 米国の生産システム　104
3. トヨタ生産方式の海外への移転　106
4. トヨタ生産方式の課題　110
まとめ　113

第6章　製品開発と生産管理 ………………………………………… 115
1. 製品開発の意義　116
2. 製品開発の組織　120
3. 製品開発のための人的資源管理　124
4. 製品開発と研究開発　127
まとめ　129

第7章　リスクマネジメントと生産管理 …………………………… 131
1. リスクマネジメントの意義　132
2. サプライチェーンリスク　139

目　次　v

　　3. リスクマネジメントとしての BCP　　140

　　4. 企業倫理とリスクマネジメント　　143

　　まとめ　　145

第 8 章　サプライチェーン・マネジメント……………………………149

　　1. 市場環境の変化　　149

　　2. バリューチェーンとサプライチェーン　　150

　　3. サプライチェーン・マネジメントとは　　151

　　4. 情報と物流の管理　　156

　　まとめ　　165

人名索引………………………………………………………………167

事項索引………………………………………………………………167

序章
生産管理の位置付け

　本章では，生産管理が企業経営においていかなる位置づけになっているかについて探ることを主な目的とする。ここでは意思決定プロセス，人的資源管理，生産技術，企業の社会的責任（CSR）との関連で生産管理がいかなる位置づけになるかについて探る。

1　意思決定プロセスと生産管理

　生産管理をマネジメント全体の次元で考えると，最も下位の機能的側面に位置付けているのが一般的である。企業の経営戦略には，基本的に最も上位の企業戦略があり，その企業戦略をベースにそれぞれの事業ごとの事業戦略が立てられる。生産管理は，各々の事業戦略より下位のレベルとして，事業戦略を遂行するために必要な機能的側面の一つである。

　勿論生産管理は，企業の存続および将来の発展のために必要不可欠な要因の一つであることはいうまでもない。現代の製造活動は機械・装置による加工（機械制生産）が基本であり，生産管理が効率的に行われないと，遊休設備の発生，原材料の在庫の増加などによるコストの上昇を招く恐れがある。

　生産管理は，狭義の生産管理と広義の生産管理に大別される。前者の方は，生産計画と生産統制に関するものである。すなわち，企業が需要予測などに基づいて計画した通りに生産しているかどうかに関することを意味し，日常生産管理ともいわれているものである。具体的には QCD 管理（品質・コスト・納期）がこれに値する。これに対し，後者の方は，生産システムの構築と生産総評価を含むものをいう。言い換えれば，前者が静態的なアプローチであるならば，後者は動態的なアプローチである。

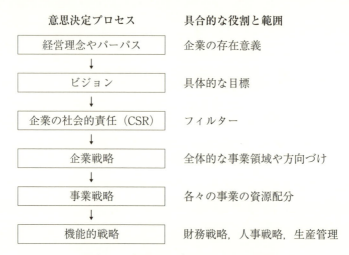

図序-1 意思決定プロセスと生産管理

　図序-1は，生産管理が経営戦略上いかなる位置づけになるかについて明らかにしたものである。企業における意思決定プロセスは，同図のように，「経営理念やパーパス」→「ビジョン」→「企業の社会的責任（CSR）」→「企業戦略」→「事業戦略」→「機能的戦略」という順で進められるのが一般的である。

　企業の経営者たちが行うべき最も重要な上位のものとして「経営理念やパーパス」がある。これは主に社会における企業の存在価値を意味する。次に，決定されるのが「ビジョン」であり，これによって経営理念やパーパスが定めた範囲内で具体的な目標が決まる。「企業の社会的責任」は企業戦略を決める前の段階に実行されるフィルターの役割を果たす。これによって，大まかな経営上の方向性が明らかになる。「企業戦略（corporate strategy）」は企業ドメインなどの策定や集中すべき経営資源の配分が行われ，経営方針などがこの段階で実行される。「事業戦略（business strategy）」は企業戦略で定まった範囲内で具体的な事業が決まる。生産管理はこれらが意思決定プロセスにおいて最も下位に位置するのが「機能的戦略（functional strategy）」である。この機能的戦略には，生産管理以外に販売管理，財務管理，人事・労務管理，IT戦略などがあ

る。したがって，生産管理担当の部署は上述したさまざまな上位の意思決定プロセスが変わることによって大きく影響を受けることになる。例えば，特定の事業分野への参入や撤退は「企業内でどのような財やサービスを提供するか」という生産管理上の根本的な問いに直結する。

2 人的資源管理と生産管理

　生産管理は，従業員の採用から退職までにわたる一連のプロセスを管理する人事・労務管理と密接な関係がある。日本的経営における三種の神器といわれている終身雇用，年功序列賃金制度，企業内組合は生産管理を決定づける重要な要因となる。なぜなら，戦後長い間日本で当たり前のように継続してきたこれらの制度が実は日本以外の国や地域では異なる形態や様子を見せているからである。これらの制度を強力に支えているのが株式相互持合いやメインバンク制度による安定株主政策であるのはいうまでもない。日本的経営は，生産管理上の面においても短期的な収益のみを追求する欧米企業の経営と対比され，長期的な収益追求による安定的な経営，それによる計画的で安定的な人材育成が可能な点がある。さらに，社員からの忠誠心，組合との団体交渉などのメリットもあり，戦後世界的に類をみない高度成長を成し遂げた。

　しかし，近年ではかつて維持してきた日本的な雇用システムは企業経営を圧迫するデメリットとなる部分が大きく取り上げられている。近年ではいわれる「失われた30年」という不景気が連続する時期を経過している中で日本的経営が崩壊し，それらに代わる新たな動向もしばしば報告されている。例えば，三菱UFJ銀行，みずほ銀行，三井住友銀行という3大メガバンクの雇用慣行に変化が発生し，中途採用や希望退職の比率が急激に上昇した（日本経済新聞，2025年1月朝刊）。

　一方で，多国籍企業の場合，国内企業と異なり，①本社が存在する国を出自とする人材である「本国人材」，海外子会社が存在する国を出自とする人材である「受け入れ国人材」，そして本国でも海外子会社でもない国を出自とする人材である「第三国人材」から構成されるという（江夏・桑名，2018）。

本国人材は，本国拠点（本社）の技術的優位性の海外子会社への移転，本社と海外子会社との調整，ローカル人材の企業文化の伝承者などが主な役割であろう。一般的に，これらの人材は，本社で業務能力や人格などの面において認められており，海外の派遣先での経験が本社で再び活かされる場合が多い。しかし，派遣された期間中に本社でのキャリアデベロップメント上の不利さ，赴任先での配偶者や子女の現地適応や教育問題，異なる文化への適応問題などを理由に手厚い待遇を提供することが多いが，これは本社の派遣コストの増大問題として解決しなければならない大きな課題でもある。日本企業の場合，本国人材と受け入れ国人材の比重が非常に高いなどの問題がしばしば指摘されている。

　さらに，海外派遣者のマネジメントが問われる。特に，人事慣行・制度と直結する問題としてグローバル人材の不足や，ローカル人材への不公平さは大きく取り上げられている。近年，日本政府は，外国人労働者対策として外国人技能実習生制度を導入したが，その主な目的が中小企業での人材不足問題を短期間で補充することであった。しかし，ハイテク産業における高度な技術力を保有する人材を受け入れる制度改革も必要な時期になっている。

　戦後，研究開発部門において，トップの座を占めていた米国の企業も時間の経過とともに日本やヨーロッパの企業にその地位を脅かされるようになっているのが現状である。近年では，アジア諸国の企業もグローバルな次元で製品開発をめぐる激しい競争に参入するようになっている。その背景には，研究開発におけるよりアジルでダイナミックな動向にその根源的な理由を見つけることができる。特に，経済のグルーバル化が急激に進んだ90年代以後，多国籍企業が主導するグローバルな消費者を対象にした研究開発はその重要性がますます問われている。

　さらに，近未来の組織の特徴としてあげられるトレンドがある。ChrchとBurke (2017) は，未来の組織を形成する4つのトレンドについて取り上げている。すなわち，①製品のプラットフォーム (platform over product)，②従業員の才能 (talent over employees)，③機械全般のデジタル化 (digital over mechanical)，④データに対する洞察 (insight over data) が必要であるという。

まず，組織上に発生している主な変化は，製品に対する関心についてである。これは，かつての製品自体の形態への関心からプラットフォームへの関心に移行していることを意味している。この移行は既に組織構造の一部で見られている変化に関するものである。言い換えれば，組織デザインの新たな形態は，電子商取引ブームの如く，ヴァーチャルで，流動的で，ダイナミックな構造が生まれる頻度で同時に出現している。さらに，これらの組織は，何が企業なのかどうかという境界が曖昧なままの状態に置かれている。すなわち，同組織は，経営環境の変化とともに，今後より柔軟で弾力的に変化する傾向もある。

第2の組織上に発生している主な変化は，かつては機械的に処理していた方法が，今日においてはデジタルな方法を使って解決しようとしている点である。技術が，私達の日常の生活とより密接に結びつく傾向が強くなり，情報に対する多様な需要に応じて企業側がより迅速な対応を模索している点である。これらの変化は，世の中のデジタル化の進展とともに，最高デジタル責任者 (chief digital officer)，電子商取引部門 (e-commerce group)，デジタルマーケティング部門 (digital marketing function) などのように，専属の公式的な役割を担うポストを作ることで確認できる。このような傾向から始まるが，より大きな挑戦は，真のデジタル化を企業全体の隅々まで浸透させるための変革 (transformation) に見られる。

第3の組織上に発生している主な変化は，データの利用に関するものについてである。デジタル・プラットフォームのような新たな組織形態はデータをさらに量産している効果をもたらしている。データを利用すること自体が組織にとって新しい動向ではあるが，そこから一歩進んで，いかにそれらのデータが利用されるかについての期待は急激に増えている。今日の企業組織は，それらのデータから創出される洞察力 (insights) にさらに焦点を当てている。その洞察力は企業の意思決定に情報を提供したり，具体的な行動に移ったり，戦略など将来行くべき方向性を決める際に手助けとなったりもする。実に，DX (digital transformation) とビッグデータを取り扱うところで生成された膨大な量のデータから得られる洞察力に対するニーズは，「ビッグデータ現象 (big data phe-

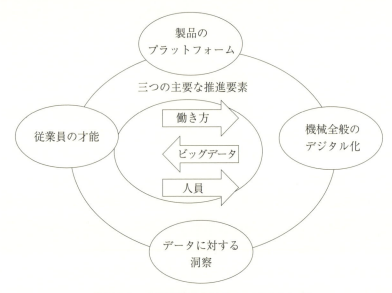

図序-2 未来組織における4つのトレンド
出所：Church and Burke（2017：58）

nomena）」に集約される。総務省によれば，このビッグデータの特徴として多量性，多種性，リアルタイム性があるという（総務省ホームページ）。

　最後の組織上に発生している変化は，従業員の才能に関するものである。これは先述した3つの変化より物議を醸している内容を含んでいる。このトレンドはHR（人的資源部門）と組織開発アジェンダ（organization development agenda）の中心的なテーマであるため，組織的意義や組織開発に密接に関わっている。なぜなら，組織開発が個人，グループ，組織の各々の成長に深く関わっているからである。具体的には，ドットコムブームによって触発された人材争奪戦が発生された後，近年では職場でしばしば見られている人口動態上の変化，すなわち組織の構成員達が多世代の混在する職場環境（multi-generation workplace）に置かれている事実の認識と，そのような環境でいかに彼らを管理するかという方法への関心に集約される。

3　生産技術と生産管理

　生産技術は，工場における生産活動と関連する重要な要因として認識されてきている。これも生産管理をいかに行うかによって労働者の労働力を倍加させることも可能にする。近年のロボットなどの利用はその典型的な事例である。この生産技術は，さらに設計技術（design engineering），加工技術（process engineering），管理技術（industrial engineering）という3つにより詳細な区分ができる。

　ここで，生産方式と生産システムの概念的区分を行う。すなわち，前者の場合，製品やサービスを効率的に生産するための方法や手順の体系に関するものを指す。これは主に工場内での効率的なものづくりに関連する概念として理解できる。これに対し，後者の場合は企業の生産活動をシステムとして認識し，「互いに関係を持つ，二つ以上の要素の集まり」として企業間のネットワークを想定している。したがって，これは，企業の垣根を超えたものづくりの体系を指す。近年注目されている「サプライチェーン・マネジメント」や「グローバルな生産システム」は，グローバル化や情報化が進んでいる今日の状況に適合する概念として理解できる。

　先述したように，生産管理は，近年ではものづくりルール，グローバル化，情報化などのような外部環境の変化によって影響を受けていると言及した。実は，生産技術の変化によって生産管理上の大きな変化を経験したのは1980年代に遡る。1980年代に経験した既にFA（工場の自動化）の波は，機械が人間に代替されるという恐怖となり，労働者側から激しい反発を生じさせた。近年では，より低価で高度の技術を備えた製品やサービスが消費者に提供できるようになっている。技術の進歩は日々加速しており，それらをめぐる企業間の競争は激しさを増している。製品開発の主軸となっているイノベーション競争は新たな組織形態の登場を促している。例えば，2000年代以後に急激に登場したGAFAM（ガファーム）がその一例である。それらの企業の有する共通点は，プラットフォームビジネスやAIを利用している点である。こうして，より多くの顧客に自社のシステムを連携させる動向は，変わりやすい消費者のニーズや

嗜好にも機敏かつ的確に対応しなければならない過酷な現実を物語っている。

特に，膨大なデータ計算が必要な AI は，急激な電気量の使用が予測される。例えば，2025 年度の AI による電力消費量は，4 割弱増加するという予測もある（『日本経済新聞』，2024 年 4 月 10 日朝刊）。

4 CSR と生産管理

1990 年代以後，グローバル化の進展とともに企業経営におけるものづくり戦略の変化が余儀なくされている。このような変化は，ピュリツァーを 3 度も受賞したフリードマン（Friedman, L. Thomas）が 2005 年に著した『フラット化する世界』にもよく現れている。すなわち，21 世紀に入ってからは IT などの新しい技術力の出現によって地球上のあらゆる人間との共同作業が可能になっているという。このような急激な経営環境の変化は，グローバルな企業にとって生き残りのための新たな変化を余儀なくされている。特に，モジュール化などに代表されるようなデザイン・ルールの変化は従来のものとは異なる形でのものづくり，すなわちサプライチェーン・マネジメントをいかなる形態で実現するのかという課題に直面している。

サプライチェーンの中で社会的責任をいかに果たすかというのは従来のマネジメントの体制を変えることを意味するため，新たな解釈の問題が生じる（Kenneth and Amaeshi, 2008）。すなわち，サプライチェーンの中でマネジメント・イニシアチブを変更する際に，組織メンバーをコントロールすることと，影響を及ぼすこととの間の区別は必要不可欠な要因である。

組織メンバーをコントロールすることは，完全な組織メンバーを掌握することを意味する。これに対し，影響を及ぼすことは，すべてを完全に掌握することが不可能だが，影響力を行使することに関連することである。メーカー側（purchasing firm）は，サプライヤーの行動に対して「不明確な」責任を負うのではなく，パワーを有する企業はサプライヤーの行動に明確に影響を及ぼすことを追求しなければならない。このような影響力を及ぼすものとしては，行動憲章や規準（standards），企業文化，キャンペーン，人的資源開発などがあげ

られる。特に，行動憲章や規準は，サプライヤーからの期待やメーカー側の価値性向を表す尺度となる。既存のサプライヤーに対するコンサルティング，新たに納入契約を締結する際のサプライヤーとの基本的な要件として発揮できる。これに関連して，実際に日本では，2001 年に「グリーン購入法（国等による環境物品等の調達の推進等に関する法律）」が制定され，政府機関への制度導入は勿論，民間企業にも大きな影響を及ぼしている。

　一方，CSR の全世界的な拡散とともに，「環境」に関わるイシューだけでなく，「社会」をイシューとし，サプライヤーの調達条件に取り組むことを要請する動向も見られている。米国のアパレル業界の場合，1990 年代にナイキやリーボックなどのようなスポーツ用品メーカーが不祥事を引き起こした後，児童労働の禁止，安全衛生の確保，労働環境の改善など CSR 上に不可欠な課題を詳細に取り上げ，調達条件として積極的に取り組む動向も見られている。

　なお，人権・労働・環境・腐敗防止に関する 10 原則の順守を促す「国連グローバル・コンパクト（The United Nations Global Compact）」，労働条件や労働環境に限定した倫理規準を示している「SA (social accountability) 8000」，企業が社会倫理に関する報告書を作成する際に，その基準となるプロセスを測定する規格である「AA (account ability) 1000」などは，その具体的な行動規範である。このような国際的に信頼性の高い認証機関の台頭は，地域や企業ごとに異なりうる評価基準を統一させるきっかけとなった。これらの認証機関は，グローバル企業に対して順守すべき国際標準を提示し，その基準に照し合せて評価し，その基準を満たす企業を認証する一連の動向もある。これらの動きはグローバルな事業展開を行って当該企業の経営方針に積極的に CSR 調達を取り組ませる主な要因となり，その浸透に拍車をかけている。

　では，実際のグローバルなサプライチェーンを構築する際にはいかなるものが必要なのか。「サプライヤー行動憲章（Supplier Codes of Conduct）」，それらと関連する外部の第 3 者機関による調査（inspection），内部監査（audits）という 3 つの要因が必要である。

　近年，人類は地球温暖化に代表されるように地球規模での深刻な環境破壊の

危機に直面しており，それらの悪影響と決して無関係といえない企業への責任を厳格に問う声が少なくない。勿論，経済活動の「負」の側面を生み出している重要な主体として認識されている企業側は，従来のものより厳格さを増している環境規制への対応を余儀なくされている。周知の通り，ヨーロッパやイギリスでは 2000 年以後，WEEE 指令，RohS 指令，REACH 規制などのような環境規制を行っている。これらの規制にいかに対応するかの課題は，実際にヨーロッパ地域で事業活動を営んでいる日本の電気，電子，化学，自動車業界においては死活問題に直結されている。

　本書は，基本的に生産管理の登場と社会的要因，生産管理の基本構想，生産管理の実践という 3 部で構成されている。これらの内容について考察することによって，現代企業における生産管理に必要とされる基本的な理論と，それらがいかに実践されているかについて明らかにする。

　第 1 部では生産管理の登場と社会的要因について探る。ここでは生産管理の定義，重要性，今日的に必要な背景など生産管理が必要な背景と，テイラー的管理思想の生成からフォード・TPS まで至る生産管理の歴史と展開について取り上げる。具体的には，大量生産の生成の背景要因としてアメリカの産業発展と「標準化」の必要，フォードシステムによる大量生産の技術の進化とそれを支える組織と社会のしくみ，TPS の登場と日本的組織編成の役割，リーン生産，トヨタウェイの登場などについて検討する。

　第 2 部では生産管理の基本構造について明らかにする。ここでは生産ラインの技術と組織管理などを中心に大量生産の管理と，レイアウト編成と組織的側面と作業者の行為認知—フォード・TPS・セル生産など生産ラインの構造とその管理編成について触れる。さらに，大量生産における品質管理，トヨタ生産方式が加わる。

　第 3 部の生産管理の実践では，イノベーションと生産管理，リスクマネジメントと生産管理，サプライチェーン・マネジメントなど上述した生産管理の基本的なアプローチがいかに実践および応用されているかについて明らかにする。

参考文献

Amaesh, M. Kenneth and Onyeka K. Osuji, and Paul Nndim (2008), "Corporate Social Responsibility in Supply Chains of Global Brands: A Boundaryless Responsibility? Clarifications, Exceptions and Implications", *Journal of Business Ethics*, Vol.81, pp.223-234.

Church A. H. and Burke W. W. (2017), "Four Trends Shaping the Future of Organizations and Organization Development," *OD Practitioner*, Vol. 49. No.3, pp. 14-22.

江夏健一・桑名義晴編著（2018）『理論とケースで学ぶ国際ビジネス　第4版』同文舘出版

フリードマン，T. 著・伏見 威蕃訳（2006）『フラット化する世界　上・下』日本経済新聞出版

Web 参考資料

総務省ホームページ
　https://www.soumu.go.jp/（2022 年 8 月 22 日閲覧）

第1章
生産管理論の課題と背景

> **学習目標**
> 1 生産管理論の対象は何かを理解する。
> 2 日本が培ってきた「生産管理」の背景について整理し，理解する。
> 3 生産管理のもつ管理の学習過程とはどのようなものかを理解する。

1．生産管理の扱う対象と生産管理が生み出された背景

「生産管理論」の対象は，人間が「人工物」をつくる過程を考察することにある。「生産管理」は一般に"production management"という用語が用いられることが多い。「人工物」を「つくる」ためには原料が必要であり，「生産管理論」では図 1-1 に示されるように，一般に人工物が構想される製品設計から，人工物が製品化される生産の過程（production process）を考察する（図 1-1）。

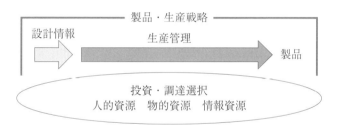

図 1-1　生産管理論の対象

「人工物」を形成するためには人的資源や設備などの物的資源，生産に必要となる知識など，さまざまな要素を生産の目的に応じて調整し生産目標を達成しなければならない。したがって，生産行為には目的に沿った生産を行うための機械や人の管理，両者の「制御」が欠かせない。管理や制御の考え方は企業ごとに蓄積された経験や組織的特性に影響を受けるため，国や地域によるちがいも大きい。

　以下で明らかにするように，今日，日本の生産管理の方法は「リーン生産」(Lean Production System) と呼ばれ，広く海外の工場に導入されている。2000年代に入ってからは「トヨタウェイ」(The Toyota Way) という名称で影響力をさらに拡大している。「リーン」とは「ムダがなく引き締まった」という意味であり，日本のトヨタ生産方式 (Toyota Production System) や自動車産業をモデル化したものである。「リーン生産」という名称は，1990 年にアメリカのMIT (マサチューセッツ工科大学) が中心となってまとめられた *The Machine that Changed the World,* (Womack et al., 1990) という書籍に由来している (日本語訳は『リーン生産方式が世界の自動車産業をこう変える』として出版)。「リーン生産」は現在，生産方法だけでなく「リーン思考」(Lean Thinking) という形で，生産理念や企業経営にも幅広い影響を与えている。

　では，なぜ日本企業をモデルとした「リーン生産」が世界に広がったのか。その理由は，日本が生み出した生産に関する考え方が，これまでの欧米で行われてきた生産管理の方法や考え方に見直しを迫ったからである。

　本章では，「リーン生産」「トヨタウェイ」の基本モデルとなっている日本の生産方法の特徴に着目し，日本企業が築き上げてきた生産管理方法について考察する。以下では，自動車産業を主要な事例として取り上げ検討を行う。自動車産業を例に挙げるのは，自動車が現代を象徴する大量生産の典型的な製品であり，同時に自動車産業が日本の生産管理の特質，歴史，構造をよく示しているからである。

・生産管理論を学ぶ意義　企業競争力への注目

　では生産管理論を学ぶ意義はどこにあるのだろうか。それは人工物をつくる
ための「企業競争力」の違いやその企業の生産行動をいかに評価するかを学ぶ
ことができる点にある。

　例えば，製品ができてくる生産過程を工学的な視点で見れば，現在を代表す
る自動車の生産ラインの場合，コンベアが設置され生産ラインの上に置かれた
車＝ボディが移動している。それは巨大な装置の集合である。生産ラインはコ
ンベアという機械装置で作動しており，それは車のボディを動かすと同時に人
を動かす装置になっている。だが企業各社でラインに流されるボディの流し方，
作業者の配置，道具の種類などが異なっている。

　生産管理の視点から生産ラインを観察する際，重要となるのは機械と人間が
どのように相互に結びついているかである。人間は技術システムをどのように
制御し，生産を進めているのか。例えば，機械加工や組付け作業が遅れたり，
部品に不具合があったりするなどの「トラブル」が生じた場合，トラブルは誰に
よって指摘され，どのように対処されるのか。トラブルへの対処は，欧米企業
と日本企業との差異を示し，個人と組織の役割の特徴を把握する上で重要な観
察対象になってきた（小池，1999）。また，企業がどのような理念や方針に基づき，
生産の流れを形成しているのかといった点も，企業の「能力構築」の課題とし
て，生産管理に影響を与える要因として検討対象となってきた（藤本，2006）。

　本章では，現代の生産管理を「人間労働」と「企業組織」が生産過程を制御
するという視点から考察する。とくに企業の競争力の観点を捉えることで，日
本が築いてきた生産管理の特徴と，個々の企業が持つ競争力の関係性を明らか
にする。こうした視点の設定は，日本企業の特徴を把握する上でも一助となる
だろう。

2. 生産管理を学ぶためのポイントはどこか？　キー・コンセプト を理解しよう

　さて，生産管理論で学ぶための基本的な用語を示してみたい。以下ではミク

ロとマクロに分けて整理しよう。

2.1 ミクロ視点

2.1.1 QCD

まず QCD である。これらは，3つを一つのものとして理解しておこう。

Q = Quality　品質

C = Cost　　コスト（費用）

D = Delivery　納期

以上3つは，生産管理にとっての目の付けどころ，肝の部分ということになる。

・Q =「品質」…生産の対象となる製品（人工物）には必ず「質」があり，生産活動では製品がどのように設計の意図したとおりにつくられているか，生産管理を評価する上で重要な基準となる。

・C =「コスト」…「費用」を指す。例えば，ある製品に直接かかる費用である機械の購入費用や製造に投入された人件費などを指す。

・D =「納期」…意味は，いつまでに発注元，つまり注文を受けた相手側に受注した製品などを納めるか。納める期限の重要性を指摘する用語となる。

　これら3つの要素をじっくりと眺めてみよう。じっくりとは，それぞれ3つの要素の関係をよく見てみることだ。そうすると，次のことに気づく。これら3つの要素は，それぞれ対立的な関係をもっており，各要素はぶつかりあっているということだ。例えば，「品質」を保持して安定的に製品は生産するのには，さまざまなチェックが必要となる。もし品質チェックや検査を増やして品質を細かくチェックしようとしたとしよう。チェックのために人を雇うとしたら人件費が上がってしまう。また，チェック項目を増やした場合も完成に必要な時間（リードタイム：製品の注文を受けてから納品までの時間）が延びる。結果として，納期が短くなってしまう。

　また反対に，コストを下げようとする場合，どこを減らすにしても「品質」

の領域はなるべく削らないことが大切なコスト削減のポイントになる。これは納期の短縮を求められた場合，どこを節約するかはほかの要素との関係で悩む点である。つまり QCD のそれぞれの項目としての大切さはわかっていても，各項目のバランスをとるのが難しいということがわかってくる。このように QCD は生産や経営の管理を考える場合，共通となる大切な観点なのだ。ぜひ，忘れないでいてほしい。

さらに今日では，これらの QCD に F：Flexbility ＝ 柔軟性を加えて QCDF とすることも広く行われている。この F が加わることで QCD を状況に合わせて適切に管理することが強調される。フレキシビリティの重要性の要素は QCD の各要素の備えている対立する側面を把握した上で QCD の相互関係に機動性を加えることである。

これらの要素の相互性に関して藤本は，一般に高いフレキシビリティと高い生産性は両立しないといわれるが，20 世紀後半の日本の製造メーカーの中には，この 2 つの両立に成功した企業があり，両者の両立が競争力の源泉であったと主張している。また，この両立を可能とする QCDF の改良・改善が企業の能力構築につながったと指摘している（藤本，2001）

2.1.2　小ロット

生産を行う場合，大切になるのは，何をどれぐらいつくればいいのかだ。同じ材料，同じ工場で作られる製品，部品の一回でつくる量のことを「ロット」（lot）と呼ぶ。ロットは，例えば「ロット生産」といった場合，生産が同一の製品や部品ごとに生産していることを意味している。また製品や生産は，ロットの番号でも管理し（ロット番号），製品が完成した後でも問題があった場合，製品に表示されたロット番号がわかれば，生産がどの工場でいつどの生産ラインで行われたのかを確認できる。同一ロット番号の生産量によって大ロット，中ロット，小ロットに分けられる。日本のとくにトヨタは小ロットを重視し，一回当たりの生産量を縮小すると同時にロットの切り替えを素早くすることで競争力を高める方針に立っている。

2.1.3 現場（Gemba）

　日本企業に共通する独特のコンセプトとして「現場」がある。「現場」はふつうの言葉では，例えば「事故の現場」というように使われる。この場合「事故が起こった場所」という意味だ。だが，経営行動としてとくに生産管理として用いられる「現場」には「問題が生じている場所」という意味と「現地」の2つの意味を含んでいる。「現場の協力」という言い方では後者の意味が大きい。理解しておくべき点は，日本企業の考え方として問題が生じている元の部分や領域を重視しているということだ。とくに製造業企業では何か起こった場合，その問題が生じた機械が設置されている「現地」に足を運び，問題の生じた「現場の状況」を理解することを重視する。問題発生の実際の状況を「現地の視点」からまずは把握し，対処を行う。組織行動の原則を示す用語として「現場」が用いられる。

2.1.4 チーム

　「チーム」の導入は日本だけでなく欧米企業でも広く取り入れられ，参加者が集団（グループ）として，目的を達成するためにとられる組織形態である。だが日本のチームと欧米企業との「チーム」にはちがいがある。まず日本的チームは，チームリーダーが職制（組織的階層での上位者）としてのタテ組織的ヒエラルキーを内包している場合が多い。つまり同じチームでも上位・下位の権限は一定の集団行為への統制の前提となっている。だが同じ「集団」でも北欧などの事例では，チームはテイラー的な「構想と実行の分離」を修正する目的で導入される場合が多く，チーム内の上下関係は希薄である場合が多い。欧米では，仕事上で生じる「構想と実行の分離」の修正としてチーム組織を意識的に取り入れられたのに対して，日本では構想と実行の分離の追求は弱かったのが現実であろう（大野，2003）。1980年代のトヨタとGMの合弁であるNUMIや在外日系工場などでの「チーム」の導入とその成功により，「チーム」は伝統的な「構想と実行の分離」への修正として欧米では注目され，経営的にも肯定的に受けとめられている（ベッサー，1996）。

2.1.5 OJT

最後にミクロ次元での用語として「OJT」をあげよう。OJT とは On the Job Training の頭文字をとったものであり，仕事の訓練，向上を日常の仕事を通じて図ることを指す。OJT に対として Off-JT があり，これは「現場以外での訓練」，例えば社内外の講座への参加での学習・訓練である。「OJT」の大切な点は「日常の業務を通じて」仕事の向上を図ることで，実際の現場が訓練の場になることだ。日本企業では，OJT を重視することにより，上司や先輩から直接日常業務を通じてさまざまなコツや助言を，「職場」を通じて行うことで，個人また組織の双方にとって職場が学習の場として機能する。OJT は日本企業での「職場」の役割はたんに仕事を行う場所ではなく，職場は「仕事と教育が組織的に結びつけられる」重要な場所として位置づけられる。OJT は企業の「知的熟練を形成する土台」，海外への技術移転における「手法の中核」と考えられてきた（小池，1997）。

組織学習の視点からは，日本企業の OJT は「組織社会化戦術」の重要な具体的施策として位置づけられている。OJT は上司と部下の関係などの組織内コミュニケーションによって運営され，OJT は新たな外部のメンバーを組織同化へと導くための経路を形成し，組織の規範，組織目標を達成する上で必要となる信念，技能を伝える手段としても機能すると指摘されている（中原，2021）。

2.2　マクロ的視点　組織環境などの社会的視点から見た社会要素の重要性

では，生産管理を見るための「視点」をマクロ的に組織環境へと広げて考えてみよう。

2.2.1　日本企業を支えてきた「日本的経営の三種の神器」

上記のミクロ要素を稼働させる要素，条件としてのマクロ要素として何があるだろうか。日本企業の特性として「日本的経営を支える三種の神器」は一つの視点を与える。「三種の神器」とは，①年功制賃金，②終身雇用，③企業別

労働組合を指し，日本の雇用慣行の特徴を示したものである。

簡単に説明すれば，以下のようである。

① 年功制賃金：勤続年数とその勤続によって獲得された能力を反映した賃金支払いが行われる。

② 終身雇用：企業は「定年」まで雇用を継続することを前提として人を採用すること。

③ 企業別組合：労働組合は自らが所属する企業を基礎にして組織される。労働組合の組織単位は企業であり，欧米のような職種や職務ではない。個別の企業が労働組合を形成する。

これら3つの要素や長期的視点を重視した経営の特徴づけは，欧米との比較を念頭に置かれており，日本社会の特徴とも深く結び付いている。「終身雇用」という特徴づけは，アメリカの社会学者のアベグレンによってなされたといわれている（小熊，2019）。

「三種の神器」には，従業員側からは，一つの企業で定年まで働き，勤め先の企業の成長に寄与するという貢献意識と，企業側から長期にわたって企業のために一生懸命働いてもらうことを前提とした意識が反映している。だからこそ「定年」や「終身雇用」ということが重視された。そうした長期に働く場所としての「会社」を土台にして組織された企業では，個別企業の利益と従業員の生活保証を重視する企業別に組織される労働組合は適合的であった。日本社会の「原型」として「日本的経営の三種の神器」を知っておくことが必要だろう。

2.2.2　日本的雇用慣行の修正

だが1980年代以降，上記の「日本的経営」のコンセプトは急速に変化してきた。「日本的経営と三種の神器」のコンセプトの修正・終焉である。まず日本的経営モデルでは「定年」や「終身雇用」まで働くことができる「正規雇用」の労働者が前提となっていた。だが現在では派遣労働，パート，アルバイトに代表される「非正規雇用」が労働力のほぼ半数を占めている。正規労働者と非正規労働者を分けるのは雇用期間である。正規労働者は「定年」まで働く

ことを前提としている。それに対して，非正規労働者は「有期雇用」であり，雇用期間が定められている。

　両者のちがいを生産管理の視点から見ると，正規雇用によって定年まで働く正規労働者は長期の雇用が前提となる。そのため企業内の複数の部署を異動させることで，長期にわたって企業内での経験を蓄積させ能力を向上させることが可能である。だが，非正規労働者では長期の視点ではなく，有期での利用を前提とする。そのため有期雇用を利用する場合，有期で能力を発揮できる労働者を採用する「即戦力型」の労働者が前提となる。

　このような非正規労働の利用が急速に高まったのは，1995年の日経連「新時代の『日本的経営』」が打ち出された1990年代であった。1995年の「新時代の『日本的経営』」では労働力を①長期蓄積型人材（正規社員），②高度専門型人材（技術職），③雇用柔軟型人材（パート／アルバイト）の3つのタイプに分ける「雇用ポートフォリオ」（労働力の組み合わせ）の考え方を導入した。この結果，企業は企業内の労働力を必要に応じて，必要になる労働力の内容と雇用期間の組み合わせとして企業内の労働を操作することが可能になった。それまでの正規労働中心の企業成長パターンの修正である。

　労働力の組み合わせを重視する「雇用ポートフォリオ」は，技術変化，市場変化に対応する側面と，企業内での効率的労働力の配置とコストの軽減の側面から，さらには同一企業に縛られない働き方を肯定する視点から，社会的に受け入れられてきている。2020年代に入り，企業に所属することを重視する「メンバーシップ型」と職務（仕事内容）を中心に軸を置く「ジョブ型」職務の分岐が指摘され後者の優位性が目立ってきた。例えばトヨタが2022年に新規採用の半数を「中途採用者」に転換することを発表した（2022年5月27日報道）。製造業企業では仕事のノウハウがOJTなどを通じて徐々に形成されるため，長期勤続に価値を見出してきた。だが，今日の企業労働力の流動性を拡大させる流れがどのように製造業企業の企業競争力に影響を与えるか，検討が必要になっている（濱口，2021）。

2.2.3　労働力不足

　長期的視点に立った場合，上記の雇用形態の多様化とポートフォリオ化の考えが受け入れられる背景には，日本社会全体での「人口減少」と「労働力不足」という流れがある。現実に製造業では，新規採用者の採用が難しい状況が生じており，「外国人労働力」の採用が進んでいる。具体的には製造業における外国人労働者数は 2014 年以降増加しており，コロナウイルスの流行により一時減少したが 2023 年は 55.2 万人と増加した。製造業の雇用者数に占める外国人労働者数の割合は 2023 年が 5.4％であり，2008 年の外国人労働者数が 19.3 万人，割合は 1.8％であったので 3.6 ポイント上昇したことになる（2024 年版『ものづくり白書』）。日本全体の人口減少が今後とも継続するとした場合，製造業を支える労働力の供給も厳しくなることが予測されている。こうした労働力不足は，日本の企業内労働市場と企業外の労働市場とのバランスを再構築する方向へと促す要因となっており，企業別労働組合の改革がカギとも指摘されている（山田，2016）。同時に今後の製造業の競争力強化を見据え工場，企業単位だけでなく，製造業全体での DX（Digital Transformation：デジタル技術による転換）による技術的転換が労働力不足への対応としても大きな課題となっていることも重要な要素である。

2.2.4　インダストリ 4.0

　ドイツの政策として「インダストリ 4.0」というキーワードを打ち出した。「4.0」とは「第 4 次産業革命」の意味である。イギリスで生じた水力・蒸気機関を活用した機械製造設備が導入された第 1 次産業革命，石油と電力を活用した大量生産が始まった第 2 次産業革命，IT 技術を活用し始めた第 3 次産業革命に続く歴史的な変化として位置付けられている。

　インダストリ 4.0 は産業政策としてドイツの「ものづくり」をサポートする政策であった。政策発表の背景として，ドイツの製造業が GDP の約 25％，輸出額の約 60％を占めていたが，2010 年には製造業の地位は低下しつつあった。ドイツも日本と同じく，少子高齢化による労働人口の減少に起因する国内立地

環境の悪化が生じていた。そこでドイツでは輸出優位の維持を社会的な変化のなかでどのように確保するかが課題となり，国際競争力の強化，とくにアジア地域への製造拠点流出の懸念が高まり，2010年に公表した"High-Tech Strategy 2020 Action Plan（「ハイテク戦略2020」：2011年11月）"においてドイツ製造業の競争力強化・空洞化防止のための構想として「インダストリ4.0」構想が提示された（経済産業省「ものづくり白書」，2016）。発表当初インダストリ4.0はドイツ自体の産業保護＝海外流出阻止の政策であったが，その後ドイツの競争力復活政策の象徴として世界的な注目を浴びた。インダストリ4.0は，現在ではスマート工場を中心としたエコシステム（Ecosystem：生態系＝経済的産業的連関）の構築のための中心コンセプトとしても利用され，バリューチェーン（価値構成の連鎖）の変革や新たなビジネスモデルの構築をもたらすことを目的としていると理解されている。

2.2.5 Society 5.0 と IoT

日本でもインダストリ4.0は，技術革新をイメージする重要な用語として流布され，そのための対応的政策が打ち出された。例えば2017年，経済産業省は「新産業構造ビジョン」を打ち出した。本政策では対応課題として，①国レベルでの競争力育成ビジョンの提示，②インダストリ4.0への対応，③今後の社会変動を前提にした次期社会への対応ビジョンの提示が行われた。

ここで打ち出されたコンセプトが「Society 5.0」であり，これは日本の2030年前後を念頭においた未来社会構想であった。政策の中心にはIoT（Internet of Things：インターネットでつながる生産）があり，日本のIT（Information Technology＝情報技術）を中核においた技術革新の社会体制が描かれている。具体的にはIT化の影響はグローバル化・経営的・社会的側面の各領域に広がり，それは技術構造，仕事内容などの企業行動に影響を与えるとしており，「Society 5.0」では，自動運転などの移動技術・手段の変化にはじまり，社会全般での自動化の進展や自然環境の変化に伴い，機械化とIT技術を利用した農業生産が進むと想定されており，その現実は個人生活や，企業活動，社会全体での変

化を促すと予測する。

　以上のマクロ条件を踏まえると，以下の課題が提示されるだろう。

- 日本企業が依拠してきた日本的経営と「三種の神器」に示された日本企業の特徴は，インダストリ4.0に示される技術改革にどのように対処できるのか。
- どのように現在の技術的変化を企業は吸収し，転機へのきっかけをつかめるか。企業競争の強化というミクロ的な視点から有効な手だては可能か。
- 日本企業の強みを活かすとして，どのような新たな要素を今後とり入れ，成長に必要な資源に変えていったらよいのか。

　これらの課題が出てこよう。生産管理論の視点から見た場合，活かすべきは自分たちの蓄積してきた知識と経験であり，これらを転換の土台に据えることが必要である。

3. 転換期を迎えている今をどのように考えるか

　さて，現在のわたしたちの生産管理水準は，どのように形成されてきたのだろうか。日本の生産管理や生産技術の発展には歴史がある。少し歴史的にふりかえってみよう。

3.1 フォード生産方式の導入での模索

　現在の大量生産のための生産方式を代表するフォードの生産方式では，ライン上のボディに順次部品が取り付けられて製品が完成する方法をとっている。じつはこのフォードの生産方式の導入を日本は，積極的に推し進めたが，その導入をめぐって試行錯誤を繰り返した。

　すなわち，フォードシステムは世界にとって大量生産モデルとされ，日本もフォードへの関心を強めていた。実際には1925年にフォードは，日本に進出し，車の部品を組み付けるKD生産（Knockdown production）を開始した。だが当時は戦争のための兵器生産が求められ，フォード方式の飛行機・船舶生産への転用などが検討されたが，量産に不可欠な部品製造の均一性の確保は難題だっ

た。量産管理の手法が確立しておらず，コンベアで連続的に生産する方法は断念せざるをえなかった。

　自動車生産についてはキーとなる部品を「手で加工して，やすりなどを使って仕上げる」方法でなら小型車の大量生産も可能と考えられ（和田，2009：61），1941年に現在のトヨタと日産に自動車生産の許可が下りた。だが，実際には戦前のトヨタなどのメーカーではトラックの生産が主力であり，乗用車生産がトラックの生産台数を上回るのは1966年のことであった。1950年代，日本は産業界をあげてアメリカへの視察団を派遣した。後のトヨタ生産方式の発展に大きな影響を与えた大野耐一らも1956年にアメリカを視察することで，JIT（Just in Time：部品を時間通りに必要な個数を作業現場に届ける考え方）へのヒントを得ている。

　同時に日本企業では第二次世界大戦終結直後からC.C.S.経営講座（Civil Communications Section）などでアメリカでの品質管理手法を学び，生産管理の近代化を進めていった（佐々木・野中，1990）。

　以上のように，現在では当たり前となっている技術も，その導入と維持には一定の条件がなければ可能にならなかった。フォードでいえば，その導入の条件にとって部品の製造水準がもっとも重要な要件であった。第二次世界大戦前の日本にはしっかりとした，「手直しを必要としない部品」をつくる技術がなかった。加工の精度が安定しなかった。このことが，フォードのような大量生産方式の導入にとって障害となってしまったということである。

3.2　海外技術の導入と現場での改善による学習

　第二次世界大戦後，日本は復興し，「輸出大国」として経済発展を遂げてきたことはよく知られている。日本の成長は「高度経済成長」と呼ばれ，1955年から1973年の第一次オイルショックまで年平均10％を超える経済成長を遂げた。

　この成長の特徴は「投資が投資を呼ぶ」といわれるように，膨大な設備投資

の連続が続いたことが成長を支えていることであった。つまり鉄鋼，自動車，造船，電機といった産業分野で技術革新が連鎖的に生じ，その結果，新たな生産設備に投資が行われそれが循環した。その結果，消費財の生産ではなく，生産が生産を引き起こす状況が生じたということである。こうした生産設備の連続的な更新は，アメリカからの先端技術の導入によることが多かった。

例えば鉄鋼産業での1920年代にアメリカで開発された「ストリップミル」と呼ばれるコイルを連続的に平らに伸ばす製法の導入がその好例だろう。このコイルの圧延には4台から6台の機械が連続的に稼働する必要があり，1950年代の日本にはこの技術はなく，主要設備はすべてアメリカからの輸入にたよっていたといわれている。ストリップミルの導入とその操業にとっては機械設備自体が巨大であるため，膨大な整備技術が稼働率を向上させるためには不可欠なものであった。

だが，こうした整備の重要性は認識されていたものの，現実には整備は常にあと回しにされた。そのため整備手法の向上は製造「現場」が中心となったといわれている。製造現場における旺盛な作業者らが自主的に取り組む改善活動があり，作業者は作業遂行上で気づいたさまざまな工夫を提案し生産効率を高めていった。このような最新技術の導入での「現場」での努力が実際には技術の導入の条件を生み出し，現場での経験と改善が最先端技術を企業が使いこなす技術的ノウハウの基礎を築いていった（藤木，1974）。

日本の高度経済成長にとって海外からの技術導入は不可欠であり，大きな役割を果たした。経済成長は日本企業と日本社会の海外技術習得と吸収の成果であり，これらの習得と吸収の場は各企業での工場，職場つまり現場であり，生産管理は主要な学習領域であった。

3.3　必要となる日本的要素の再検討

さて，最後にこれまでの議論を踏まえて，生産管理論を学ぶ視点として「海外移転」についてふれておく。上記の通り，日本での海外技術の導入には多くの苦労が伴った。だが2000年代をへた現在，日本企業は海外展開を遂げるに

至っており，今後も日本を起点とする海外移転は続くと考えられる。

　海外で展開する日系企業の活動を観察してわかってくることは，海外展開にはさまざまな要素が影響を与え，生産管理の視点から見ると，管理者の役割が広いという点である。

　生産体制とその管理は製造の設備的側面だけではなく，人的な変化にも対応が必要になる。日本国内であれば言語的な意思疎通も可能であるが，海外進出となると，言語上での壁を越えて，進出先とどのような社会関係を取り結ぶのかは海外進出と技術移転にとって重要な成功要因となってくる。生産を管理するためには技術的な条件だけでなく，社会的文化的な条件からも生産の管理の考察が欠かせない。これは技術が利用される環境・状況を強く反映するからだ。

　フォード生産方式の導入の事例で興味深いのは，このケースの場合，日本側が革新技術の受け手だったという点で参考になる。先進的技術を導入するに当たって，当時の日本人たちが準備できた知識や技術的条件は，彼らが育ってきた過去の経験を基礎にしたものであった。気づかされるのは，近代技術の習得・吸収は多くの点で移植される先の経済発展の度合い，それに付随する技術的な進展度合い，吸収する側の教育水準など多くの非技術的な環境によって左右されるということである。

　ここから学ぶべき教訓は，自分たちが移転しようとするものを現地の社会や組織がどのように受け取るのか。この点についての考察が不可欠だ，という点である。本章の前半で見たように，日本企業は第二次世界大戦をへて成長を遂げてきた。だがその成長を支えた要因は，多くの点できわめて日本的であり，とくにマクロ的な要因の位置は大きいのではないだろうか。今後，日本のミクロ的要素とマクロ的要素との接合性がさまざま問われることになることはいうまでもない。日本企業の優位な要素をどのように保持・発展させるのか，この見極めが必要だということである。

3.4　作る視点＝生産管理論から見る日本

　なぜ太平洋戦争以前のフォード生産方式の導入や戦後のストリップミル導入

の話を持ち出したのか。それは新たな生産方法の導入に当たり，どのようにそれまでの自分たちが培ってきた管理手法や管理方法を使ったらよいのか。当時導入に関わった日本人たちと，現在DXの導入に対応する現在のわれわれと問題設定の点では大きなちがいはなく，汲みだすべき教訓は多いと考えられるからである。企業の成長とは自己組織の環境適合の連続であり，欧米の技術をどのように吸収していったのかは大切な学習対象となると考えたからである。

「生産管理論」は，あまりよく知られていない「ものづくり」の過程に立ち入って考察を行い，どのように人工物＝モノが作られるのか。「つくる」（造る）過程にはどのような課題が存在しているのかを考察するのがこの科目の特徴である。生産管理論を勉強することで，先人たちが何をどのように「つくる」を考え，「つくってきた」のか。そうした「つくる」過程にはどのような要因が影響を与えるのか。「つくる」ことを見る視点が広がれば，この科目を学んだ成果はあなたのなかに残るだろう。

まとめ

第1に，生産管理の基本的視点は「人工物」の生産にあり，それは一つのプロセスを形成しており，生産管理はその一連のプロセスを考察の対象とする。

第2に，日本企業が培ってきた生産管理の特徴は「ミクロ的」な観点と「マクロ」的な観点から考察する必要があり，管理のプロセスは社会的な影響要因によっていることがわかる。

第3に。生産管理の進化は歴史的に変化を遂げてきており，日本の場合，海外からの管理手法の導入，学習過程が大きく影響した。生産管理での学習は，現在では日本の海外進出におけるノウハウ移転と重なり，学習の成否が何によっているのか検討が必要である。

参考文献

一守靖（2022）『人的資本経営のマネジメント　人と組織の見える化とその開示』中央経済社

ウォマック，J. P.，ルース，D.，ジョーンズ，D. 著，沢田博訳（1990）『リーン生産方式が世界の自動車産業をこう変える』経済界

大野威（2003）『リーン生産方式の労働：自動車工場の参与観察にもとづいて』御茶の水書房

小熊英二（2019）『日本社会のしくみ』講談社現代新書

小池和男（1997）『日本企業の人材形成　不確実性に対処するためのノウハウ』中央公論新書

小池和男（1999）『仕事の経済学』（第 2 版）東洋経済新報社

佐々木聡・野中いずみ（1990）「日本における科学的管理法の導入とその展開」原輝史編『科学的管理法の導入と展開—その歴史的国際比較—』昭和堂

中岡哲郎（2006）『日本近代技術の形成』朝日新聞社

中原淳（2021）『経営学習論　増補新装版　人材育成を科学する』東京大学出版会

日本経営者連盟（1995）『新時代の『日本的経営』』日経連

濱口桂一郎（2021）『ジョブ型雇用社会とは何か　正社員体制の矛盾と転機』岩波書店

藤木俊三（1974）「わが国におけるホットストリップミルの発達を振り返って」『鉄と鋼』第 60 号第 12 号.

藤本隆宏（2001）『生産マネジメント入門 I』日本経済新聞社

藤本隆宏（2006）『日本のもの造りの哲学』日本経済出版社

ベッサー，T. L. 著，鈴木良始訳（1999）『トヨタの米国工場経営—チーム文化とアメリカ人』北海道大学図書刊行会

森永卓郎（2016）『雇用破壊　三本の毒矢は放たれた』角川新書

山田久（2016）『失業なき雇用流動化　成長への新たな労働市場改革』慶応義塾大学出版会

和田一夫（2009）『ものづくりの寓話　フォードからトヨタへ』名古屋大学出版会

Web 参考資料

経済産業省（2016）『ものづくり白書』
https://www.meti.go.jp/report/whitepaper/mono/2016/honbun_pdf/index.html（2024 年 12 月 25 日閲覧）

経済産業省（2017）「新産業構造ビジョン」
https://www.meti.go.jp/shingikai/sankoshin/shinsangyo_kozo/pdf/017_05_00.pdf（2024 年 12 月 28 日閲覧）

経済産業省（2024）『2024 年版 ものづくり白書』
https://www.meti.go.jp/report/whitepaper/mono/2024/index.html（2024 年 11
月 25 日閲覧）

第2章
生産管理の歴史と展開
テイラー的管理思想の生成からフォード・TPS まで

学習目標

1　テイラーの科学的管理法の特徴を理解する。

2　フォードが生み出したコンベアシステムの技術はどのような点で批判を受けたのか理解する。

3　日本的な管理方法とはどのような特徴をもっているか理解する。

---

1. 生産管理の骨格：テイラーからフォードそしてリーンへ

　現在の大量生産をこなす企業の組織体制は，どのようにできてきたのだろうか。ポイントとなるのは，テイラーとフォードだろう。テイラー（1856年〜1915年）は「科学的管理法」という考えを打ち出して，仕事の方法を新しくした。また，フォード（1863年〜1947年）は，コンベアシステムを利用した生産方法を導入して大量に生産をする方法を現実化した。この二人がいなかったならば，現在の大量生産と大量消費ができる社会は来なかったと考えられる。テイラーとフォードの行った経営的な成果は，たしかに，現在では見直しを迫られている点もある。だが，現在の企業経営の基礎，生産組織と生産システムの技術的基礎を築いたことは間違いなく，テイラーの「科学的管理法」とフォードが開始した「大量生産方法」は現在の企業行動，生産組織の行動の骨格となっている。

　そこで本章では，まずテイラーの「科学的管理法」を，つぎにフォードの生産管理の考え方を検討する。さらに，テイラーやフォードの考え方に部分的修正を加えていると考えられるポスト・フォード的生産管理のトヨタ，「リーン

生産」「トヨタウェイ」などの考え方を示し，どの部分で新たな展開があったのかを考えていく。

2. テイラー：「科学的管理法」

2.1 成り行き管理：テイラー以前

テイラーが提示した「科学的管理法」(Scientific Management) の特徴は，仕事の内容を明確にし，どんな仕事がどれくらいの時間を使って達成されるのかを客観的に把握したことにある。なぜ「科学的管理法」が画期的だったのか。それはテイラーが仕事内容を分析し，仕事を質と量の2つの側面から客観的に把握したという点にある。客観性を強調する理由は，テイラー以前の仕事内容は明確に把握できる方法がなかった。そのため，仕事にかかる時間も明確にすることはできなかった。

では，テイラー以前にはどうやって仕事は行われていたのだろうか。テイラー以前の工場での仕事は，「親方」「職長」と呼ばれる熟練労働者が仕事を把握し管理していた。「親方」らは，自らが培ってきた「技能」(技能：個人の身体的に身についたワザ) により機械を動かし生産を請け負った。工作を求められる製品数量も安定的とはいえず，製品ごとで受注する受注生産だった (塩見，1990)。そのため価格，数量も個別に設定される「内部請負制」であった。「職長」らはしばしば自らの利益を優先したため，価格引き上げのための怠業などを行い，その結果，生産は「親方」の個人的判断に左右されやすく不安定な状況に陥りやすかった。こうした「親方」による管理は，「成り行き管理」と呼ばれた。「親方」は技能のない未熟練労働者を徒弟として雇い，「親方」の権威は個人の技能によって支えられていた。未熟練労働者らは「親方」になることを目指して修行した。

この時期の「経営者」は，どのような役割をはたしていたのだろうか。経営者らの役割は，工場所有者であった。彼らはあくまで工場設備への資金「出資者」であり，「販売業務」「原材料の仕入れ」を担当した。そのため生産活動を直接指示できる技術的力量はなかった。経営者は，「商人的経験」をもってい

たにすぎなかった（大島，1967）。このような「親方」「職長」によって運営されていた生産体制を，新しい管理方法によって変えていったのがテイラーであった。

2.2 「科学的管理法」の登場

テイラーが提唱した管理方法は，「科学的管理法」と呼ばれている。「科学的管理法」は，今日の企業や労働の管理に多大な影響を及ぼしている。その理由は「科学的管理法」が，経営側が労働者に遂行すべき仕事の内容を決定し，決定された仕事の内容に沿って労働者が働く方法を考案したからである。

2.3 なぜテイラーは仕事を分析したのだろうか？

テイラーは，1856年アメリカのフィラデルフィアに生まれた。当初は法律家を目指したが，視力が弱かったことからポンプ製造工場の見習工として働き，ついで鉄鋼会社に入り，職長となった。「科学的管理法」はテイラーの工場での経験から生み出されたものであった。

テイラーは工場労働者として働いた自らの経験によって，当時の工場経営の課題が，「親方」らの意図的な怠業や不安定な生産が経営者側と労働者側双方にとって大きな問題であることを理解していた。では，どうやって親方らの支配体制を打開して安定的生産を行ったらよいのか。テイラーは，そのためにはまず，仕事内容の明確で客観的な把握が必要と考えた。

2.4 テイラーの分析方法

テイラーの科学的管理法は，機械加工に必要となる金属を削る時間の研究から開始された。課題は「適切な金属の切削は何によって決定できるか」を割り出すことであった。

この実験のために採用された研究方法は，「パラメータ・バリエーション」と呼ばれている。まずある一つの比較する要素（パラメータ）を選び，ほかの要素の条件を一定にさせることで，注目している要素の影響を明らかにして最適値を求めるという方法である。この方法は，パラメータを一定範囲で変化させ

ることで，システムや現象がどのように影響を受けるか観察でき，各要素の特性の特徴が把握できる。

テイラーは，金属を削る過程における最適な作業を探した。一般に金属加工では，工具や加工物を一定の速度で動かすことで，加工対象と切削工具（刃物）の加工効率が決まってくる。どうやって材料を効率的に切削・成形したらよいのか。工具を動かす「送り」の速度は，切削プロセスの中で工具が次の切削位置に進む移動量や速度に影響を与える。そのため材料の回転速度，工具を動かす「送り」の速さの適切な設計が必要になる。

テイラーは，各ファクターの比較分析を行った。実験の結果，切削に影響する12個の要因（例えば，切削される金属の材質，切削される金属の直径，切削の深さ，工具の刃先の形状など）を突き止められた。この実験では，4,096通りのファクター比較を行い400トンの鉄が利用されたという（橋本，2002）。こうしてテイラーにより，工作機械による金属切削の効率的な方法が見出された。

2.5 「熟練の解体」＝テイラーの成果

テイラーの画期的な点はどこにあるのだろうか。それは，問題の分析方法にある。なぜなら，当時こうした金属加工のプロセスは，工具の形，素材の硬さなど，いくつもの条件の変化によって加工の精度や加工時間が変わってしまう。そのため，金属の工作作業は熟練者である機械工の経験に任されていた。

だがテイラーの採用した要因や因子の因果関係を一つひとつ突き詰めていくパラメータ・バリエーション法を用いた実験は，工作過程に影響を与えるファクターの因果関係は網羅的に調べ尽くした。この結果，それまでの職人の経験やカン（勘）に依存する余地はないと考えられるようになった。そして，このパラメータ・バリエーション法を利用して分析していくテイラーの分析方法は，作業分析にも利用されることになる。

2.6 「道具」の適切さ

テイラーの作業分析へのパラメータ・バリエーションを用いた，作業の構成

要素を分割し要素に分けて最適解を求める事例として「ショベルすくいの実験」についてふれよう。この実験では鉱石をショベルですくう作業を観察している。テイラーは，作業を構成する各要素である道具＝ショベルをすくう対象の変化やショベルを使用する人間の体格のちがいなども考慮して道具の選定を行い，適切な道具＝ショベルの大きさとすくう量を引き出そうとした。

　テイラーは，もし作業者が同じ量をすくう作業をせず，ばらばらな量をショベルですくうと，作業者に負荷がかかりすぎ作業日の最後までスタミナがもたない，と指摘している。テイラーは，分析の結果，1回のショベルがすくいあげる量を12ポンドにすれば，一日の仕事量が最大になると，仕事の効率での最適値を示している（テイラー，1911）。

2.7　「標準時間」の考え方

　上記の分析方法の基礎となっている考えが，「標準作業」という考えである。テイラーが画期的なのは，利用される道具を選定し，作業内容を区分し，その区分内における最短の作業時間を設定するという考え方を打ち出したことにある。例えばショベルすくいの実験では，「すくう」「運ぶ」，そしてすくった中身を「投げる」などに分け，それぞれの時間を計測している（テイラー，1911）。

　テイラーの作業時間研究のイメージを示す表2-1の「時間研究用紙」を見てほしい。これは，テイラーが支援して行われた「土砂運び」の分析で利用された時間調査票である。表には，作業の内容を仕事「a. 砂を車につむ」から「f. 車をおろしショベルで仕事はじめ」に分類し（細別作業），それら要素のかかった「時間」，その「平均」「ショベルのカズ」の各作業の内容上での区分を元にして分けて記録している。

　注意すべきは，「標準作業」の設定と作業速度の関係についてである。テイラーは表2-1が示すように対象となる作業の分析を丹念に行い，標準作業の内容確定を行う。だが，遂行速度については作業を行う労働者の中で，もっとも作業に精通し，その作業を最速に行うことができる「一流の労働者」を選び，それを「標準時間」としている。

つまり，テイラーは，作業条件の最適な条件を確定し，その標準条件の下での最速の労働を標準とする。そのため作業者個人の性格などについても注意深い観察が必要なことを指摘しており，標準作業が人的要素に大きく左右される重要なファクターであることを認めている。こうした人的要素への依存は，つぎに述べるフォード生産方式では，機械のメカニズム的作用によって徹底して分解され排除されることになる。

2.8 「課業」の設定

さまざまな実験を進めた結果，テイラーは「課業」を用いて仕事を管理する「科学的管理法」を提唱した。「課業」とは，「1日に行われるべき客観的な作業の量」を指す。テイラーは機械加工の分析，そしてショベルすくいの作業分析を通じて，道具や作業量の基準，最善の作業方法の選定と確定を行うことで，もっとも合理的で効率的な「標準作業」を設定できると考えた。

表 2-1 「時間研究用紙」

出所：テイラー（1911）

いったん「課業」が設定されさえすれば，1日の仕事の量をほぼ把握することができる。この課業を利用して，1カ月単位での生産量や生産数を把握するための目標，予定数量を設定することができるので，課業の設定はたんに個人レベルでの作業量の把握だけではなく，組織全体にとっての経営的な計画を打ち出す点で，経営的にも重要な改革であった。

2.9 「課業」と差別出来高制度

テイラーの適切な作業方法によって導き出された「課業」設定は，賃金の支払いにも画期的な影響を与えた。なぜなら「課業」がいったん設定されれば，到達すべき作業量の基準が明確になり，「課業」の到達状況に応じて賃金の支払いを行う賃金制度が導入できたからである。これは，「差別的出来高給制」と呼ばれている。

この方法は，あらかじめ設定された標準作業量に到達した作業者には高い賃率を設定し，達成できなかった場合は低い賃率を設定するという考え方である。「科学的管理法」に基づいた賃率設定により，旧来の「親方」による恣意的な賃金支払いがなくなり，賃金の公平性が担保できることで，労働者にとってもモチベーションの維持にプラスに働くと考えられた。

2.10 テイラーの組織設計：「構想と実行の分離」

作業研究を基礎において「課業」を設定し作業を管理する科学的管理法は，「テイラー・システム」とも呼ばれた。それまでの熟練労働者の経験に依拠した「成り行き管理」に対して，組織的な側面からも修正を行ったからである。つぎにテイラーの管理方法の組織的な側面を見ていこう。

テイラーの管理方法を組織的側面から考えてみよう（図2-1参照）。科学的管理法の管理のポイントは，作業研究によりもっとも最速で合理的な作業の内容と時間を「標準作業」とし，それを「課業」に設定し作業を行わせた点にある。

テイラーの「科学的管理法」を導入するにあたっては，「課業」の設定に当たるためには，事前の準備が必要であった。これまで述べたように，例えば作

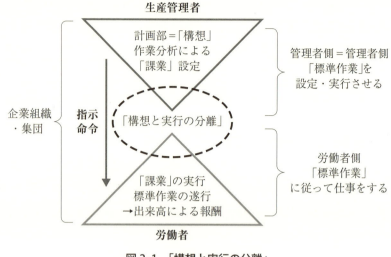

図 2-1 「構想と実行の分離」

業量の決定を行うための時間研究が必要であり，そのためには作業計測，標準作業の設定に沿って決められた作業内容を作業者に伝えるための「指図表」の作成，さらに「原価計算」なども必要となった。

　テイラーは，こうした「課業」を設定する活動を組織的に独立させ「計画部」を設置する。図 2-1 では上の▽であり，「計画部」は課業設計のための作業研究を行わせた。これに対して下の△は「課業」に従って標準作業を行うのである。実際には「計画部」の確立までには，まず「万能職長制」が導入され，それは職長が中心として作業の設計全般を行うとされたが (「職能的職長制度」)，これは後に「計画部」にまとめられるようになった。例えば 1900 年ごろの「計画室」は手順係，指数票係，時間・原価係，工場訓練係で構成された (塩見，1990)。とくに機械による生産が拡大すると，機械の稼働率をあげるために，職務は工具の「削り」「磨き」などへより特化・分割されるようになり，そのため各職務の標準化と管理を行うために計画室の役割は高まり (中川，1992)，組織は，仕事を管理する側とその管理の下で仕事を遂行する側の 2 つに分けられるようになった。

図で説明すれば，上部の▽は管理側，下の△は管理される側を示す。こうした「課業を構想する側」と「課業に従って作業を遂行する」側に組織内の機能を分けることを「構想と実行の分離」と呼ぶ。テイラーの「科学的管理法」の現代企業への影響は大きい。テイラーの分析手法である「作業時間研究」による「標準作業」の設定により，生産を管理するという手法は，計測方法は進化しているが，現在でも作業管理の原則である。

3．「科学的管理法」と現代の生産管理との関係
3.1　フォードの大量生産方式

つぎに，フォードの生産管理をみよう。フォードは，車の製造で大量生産のモデルとなった企業であり，大量生産を可能とする技術システムを実用化させた企業である。フォードは1908年「T型フォード」の販売を開始した。フォードはこの「T型」（図2-2）というモデルに絞り込み，それも黒色に特化させて大量生産を実現させた。アメリカ市場では1924年には199万1,520台，55.3%を占め「T型フォード」は1927年の生産中止まで約1,500万台が販売されたと推測されている。フォードは，大衆にも手が届く価格を設定し，「量」的普及を重視したことでモータリゼーションの開花を促した（折口，1997）。

図2-2　最初期のT型モデル
1910 Model T Ford, SLC, UT. Shipler, Harry 1910

フォードが導入した技術システムは，車のボディをベルトコンベアの上に並べ，コンベアを移動させる生産方法であった。作業者がコンベアの脇に立って部品を取り付けた。こうしたコンベアシステムを利用した生産方法を「ライン生産方式」「移動組立方式」，作業方法については「流れ作業方式」と呼ぶ（ライン生産については3章で解説する）。

コンベアが導入された当初，コンベアは自動ではなく，それぞれのボディは作業者によって手押しされていた。だが生産量が増えていくようになるとコンベアをロープで引っ張るようになった。これによりコンベアの移動速度はロープを引っ張る速度によって管理できるようになり，コンベア全体は一律の速度となった。ではこのような全体が一体に動くライン生産の導入によってどのような影響が生まれたのだろうか。

3.2 「単純な労働」の登場

まず，注目すべきはライン生産による「単純な労働」の登場である。作業の単純化は，テイラーによる「熟練の解体」とも異なる内容をもち，テイラーとフォードのちがいを理解することがとても重要である。

フォードの生産ラインでの仕事の内容は，ラインの動きに合わせて仕事が行われる。そのためそれぞれの作業者の作業はラインの動きに合わせ，かつほかの作業者と同じ程度に分解されていなければならない。そうでなければ，ライン上で仕事量と時間がばらばらになってしまう。どの作業もできる限り平均的に行える仕事内容へと均一化させることがライン生産の管理にとって大切な要因となった。そのため，フォードのライン作業で必要な労働者のことを非熟練労働者，単能工と呼ばれた。

フォードの生産ラインでは，こうした非熟練労働者が一括して大量に必要となった。それはフォードが導入した生産ラインが10数キロにも及ぶ長いものであったからであるライン生産をとどこおりなく行うためには，新しい労働者が常に必要であり，辞めてしまった労働者の代わりができるようになっていなければならなかったからである。

こうした労働の単純化についてフォードはつぎのように述べている。

「個々の労働者の仕事が反復的なものになるのはやむをえない－そうでなければ，低価格と高賃金を生み出し，しかも無理のない作業速度を得ることは不可能である。…だがしかし，多くの人々の心も全く単調である。大多数の人々は頭を使わないで生計を立てることを望んでいるのであって，これらの人々にとって頭脳の働きを必要としない仕事は恩恵なのである。われわれには頭脳を必要とする仕事がたくさんある。そして頭脳ある人々は，このような反復作業に長くとどまったりはしない。」(フォード，1968)

またフォードは，反復作業は労働の機会を広げるものだとも主張している。

「よく組織されたビッグ・ビジネスは，反復作業なしではサービスを行うことはできないし，またこの種の仕事は，社会に対する脅威ではなく，かえって，老人や盲人やびっこ（ママ）の人々に仕事の機会を与えるのである。それは老齢と病気の恐怖を取り除く。また，反復的な仕事をする人にはあまりに能力がありすぎるすぐれた人々に，新しいよりよい地位を与える。」(フォード，1968)

こうしたフォードの考え，見方を現在の時点から見て，われわれはどう受けとめたらよいのだろうか。

3.3　フォードの経済的効果

歴史的に見ると，テイラーとフォードによって創始された「標準化」を基礎においた生産管理は，大量生産を可能とし，現実にフォード社の「T型フォード」の生産台数の伸びとそれに比例した価格の低下に示されているように（図2-3），量産効果は圧倒的であり，車の普及はアメリカ社会をクルマ社会へと変えていった。

車社会の展開は，アメリカの都市構造にも影響を与え，日中は都市の中心部で働き居住地は都市近郊に移動するという生活様式を生んだ。都市近郊への移動には，最初はバスで自動車の普及が進むと乗用車での移動が広がっていた。

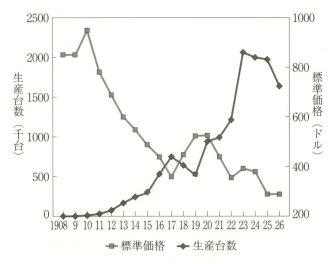

図 2-3　T 型フォードの生産台数と価格の推移
出所：フォード自動車（日本）株式会社資料により環境庁作成

　そのため個人生活のために生活財を供給する大型スーパーなどの商業地域も都市部を囲む形で広がっていった。「モータリゼーション」と呼ばれる動きである。
　シカゴの例では1910年代，車の保有台数は9万台，これが1930年代になると30万台に増加している。それに合わせて都市化で都市部への人口流入は増加したが，それらの増加人口は，都市の中心部ではなく，都市から10キロ以上の地域へと流入していった。その場合，都市の中心部（都市内10キロ圏内）へのアクセスは車が想定される。そして都市内でもトロリーバスなどの利用が減少し，都市内部での自動車の利用は増えている可能性がある。車の普及は人口移動の要因となった（湯川，2010）。

3.4　フォーディズム型コンベア生産の修正

　フォードの開始したコンベア方式での生産は，第二次世界大戦以前の1930年代にはヨーロッパへと普及した。それは，フォードやGMなどアメリカの自動車メーカーがヨーロッパに進出することで，アメリカ企業の大量生産のた

めの製造ノウハウをヨーロッパに移転することでもあった。

　こうしたアメリカから発生した自動車生産の世界への広がりは第二次次世界大戦によっていったん落ち込むが，第二次世界大戦以前にしかれた大量生産方式の上に，大戦終了後，アメリカの経済支援を背景にしてヨーロッパでの石油精製施設の設置，さらには石油パイプラインが中東から送られるようになりヨーロッパ経済の復興とともに自動車産業は再興した（由井，1985）。第二次世界大戦が終結した1945年から1970年代までにはヨーロッパ全体の自動車生産台数は1,100万台に達し，アメリカ市場と同規模へと成長した（アルトシュラー・ルース，1984）。

　だが，1970年代に入ると状況が一変する。日本車の海外での評判が急速に向上し，日本の自動車産業はアメリカを中心にして急成長を遂げたことは自動車の国際競争の激化に拍車をかけた。日本車の躍進の理由は，1973年の第一次オイルショックにより原油価格が約4倍に跳ね上がりガソリン価格が高騰したため，ガソリンを大量に消費するアメリカ車は競争力を失ったことが直接の要因である。アメリカ車は車体自体も大型のため車は重く，そのため燃費が悪かった。日本車はそれに対して，小型で価格が安く，燃費がいい。また品質にムラがない，など高い評価を受け，1970年代以降大きく成長を遂げていく。

3.5　フォードの生産方法が生み出した問題

　では，こうした先進国でのフォード的大量生産の広がりの結果，何が生じたのだろうか。「単調な労働」の拡大である。生産にコンベアを利用して大量生産指向に向かった先進国では労働組合を中心にして1970年代から多くの批判が生まれた。なかでも1973年アメリカでのGMのローズ・タウン工場でのストライキは労働者の不満を示すものとして大きな影響をもった。このストライキは，作業者にとって自分の行っている作業の「意味」や「やりがい」を失わせる状況と其れへの対策の必要性を広く示すきっかけとなった（ジャコービー，2003）。

　また，フォード生産をめぐる状況の背景として，1970年代の国際的競争環

44

境の変化があった。具体的には，1970年代，日本の高度経済成長（1955年から1970年代までの年成長10％を超える成長を示した時期を指す）が示すように，世界の資本主義国が大量生産体制を基礎にして経済成長の時期を迎えた。その結果，自動車だけでなく消費市場をめぐる国際競争が強まり，自動車や家電，電子製品の各分野で企業間での製品開発競争，リードタイムの短縮化（Lead Time：新製品の開発から消費市場への到達時間）競争が高まった。こうした国際競争環境の高まりは，各工場での生産効率の向上のための管理体制の見直しを迫った。そればかりか大量生産とその基礎的な技術装置としてのコンベア生産での機械的硬直性，さらにフォード的大量生産—大量消費を基礎とした社会機構に対しても批判が強まった（ピオリ・セーブル，1993）。

3.6 「労働の人間化」＝職務再設計への流れ

　大量生産指向の生産方法，とくにコンベアを利用したフォード的生産ラインには1970年代には世界的に批判は，「QWL」（The Quality of Working Life：労働生活の質），「労働の人間化」（Humanization of Work）と呼ばれる作業，労働の内容を見直す「職務再設計」への要望を引き起こした。「構想と実行の分離」の管理体制の下で「実行」の部分である実際の作業を担当する作業者にとって，テイラーの管理方法である「構想と実行の分離」とフォードのコンベアシステムは2つとも仕事から人間性を奪う存在と考えられた。

　これら作業者の人間性を奪う2つの問題に対する70年代の改革は，テイラーの「構想と実行の分離」に対する規制をかける。そのため「産業民主主義」をキーワードとして，組織的意思決定への労働者側の関与拡大を課題とし，職場レベルでの管理者側が担っている意思決定過程への参加・関与の拡大を図った（赤岡，1989）。もう一つは個人ベースでの自由度の拡張である。これは個人の仕事の幅の拡大を目指す「職務拡大」（Job enlargement）と仕事の質的内容を高める「職務充実」（Job enrichment）の方向を含め，職務遂行者の心理的満足向上が課題とされた（奥林，1981；嶺，1983）。

3.7 日本の成長と国際競争における日本企業の「柔軟性」への関心の高まり

1980年代から1990年代になると，70年代にみられたような社会的変革的指向は後退した。その背景として前節で指摘したように1973年の第一次オイルショックで企業をめぐる競争環境の激変があり，競争力の激変要因として日本企業の成長への注目が高まったからである。こうした状況に対して，「労働の人間化」においても「日本企業との競争に対処するという視点」，また当時進んできた「ME技術革新」（Microelectronics：1970年代後半以降の工場管理や設備にコンピュータを結合させた革新），労使関係の役割にも関心が集まった。日本の作業組織への関心の高まりもあり，QWLに関する国際会議の出席者で比較すると1970年が60人程度であったものが1990年には1,700人へと拡大した（嶺,1995）。

ここで注目したいのは，「労働の人間化」の視点から関心を集めた日本企業の成長とその背景としての「日本型作業組織のもつ柔軟性」への関心の高さである。1980年代以降の国際研究では日本企業の備えている「日本的柔軟性」については検討が行われ（ボワイエ・デュラン，1996），その一つの解答として「リーン生産」が1990年に2000年には「トヨタ・ウェイ」が登場することになる。先に取り上げた「労働の人間化」の国際会議では「日本的柔軟性」とはテイラー的に分割されている「構想と実行」が統合され，集団で生産計画や必要な作業を「誰でも，どこでも，なんでも」課業を分担するとすることが日本的な組織特性として認識された（嶺，1995）。

そこで以下では日本の生産管理の組織特性に絞って検討を行う。トヨタ生産方式を創始した大野耐一らの発言などを参考にして検討していこう。

4. 欧米と日本の組織原理—「日本的」とは何だろうか

トヨタ生産方式の構築に大きな役割を果たした人物として，大野耐一（1912～1990年）がいる。大野は，第二次世界大戦以前から豊田グループの母体となった豊田紡績で働き，1943年に豊田自動車へ移った。豊田自動車では，生産部

長を務めその後，取締役，1975年に副社長となった。現在「トヨタ生産方式」（Toyota Production System：TPS）と呼ばれるようになった生産コンセプトは，大野耐一の著書『トヨタ生産方式—脱規模の経営をめざして—』を土台に置いている。そこで，以下では，大野の発言を検討しよう。

4.1　大野の『トヨタ生産方式』での指摘をどう考えるか

「私どもの課題は，多種少量生産でどうしたら原価が安くなる方法を開発できるか，であった。」（大野，1978）

「多種少量で安くつくる，これは日本人でなければ開発できないことではないか。そして，その日本人による生産システムの開発は，いわゆる大量生産方式をも凌駕できるはずだと考え続けてきた。」（大野，1978）

　まず大野は，自分たちの課題を「多種少量生産でどうしたら原価が安くなる方法」を開発することに置いていたとする。だが—そしてここで問題にしたいのが—その方法が，

　　「これは日本人でなければ開発できないことではないか。」
　　「その日本人による生産システムの開発」により「大量生産方法を凌駕できる。」

と述べている部分である。なぜ，ここに「日本人」が出てくるのだろうか。そしてなぜ「日本人でなければ」と強調されているのだろうか。

　そこで，『トヨタ生産方式—脱規模の経営をめざして—』の中で「日本的」であると指摘している箇所とその理由をみてみよう。大野の「日本的」を意識して使う場合，アメリカとの比較が行われる。大野はつぎのように指摘している。

「アメリカの場合は，職能別の組合があって，一つの会社にたくさんの組合が入っている。したがって，旋盤工は旋盤しかやらない。穴あけ工程というと，ボール盤のところへ持って行かなければならない。単能工であるから，旋盤工程でたまたま溶接作業が必要になっても，そこではできない。溶接工程へ持っていって溶接をやるしかない。したがって，機械の数も多いし，人間の数も多い。そのような条件のなかでコスト・ダウンをしなければならないアメリカ企業にとっては，量産によってしかコスト・ダウンできないことは明らかである。」（大野，1978）

　そして，「生産の流れをつくる」の中で，先の指摘を念頭に置いて，「旋盤は旋盤工，溶接は溶接工というように，作業員が固定化してしまっている機械工場の保守性を打破するのは，けっして容易ではなかったが，アメリカでは不可能であっても，日本ではやる気があればできたのである。」（大野，1978）

　少し解説を加えると，職能別の組合とはアメリカ，ヨーロッパで主流の労働組合のことを指している。「職能別」とは「仕事内容のちがい」「職務のちがい」を指し，欧米では歴史的に労働組合は職能，職種別のちがいを背景にして同職者が中心になって労働組合を結成した。そのため，同じ工場の中でも，例えば旋盤工と溶接工とは仕事が異なり，一人の人間が異なった職種を同時にまたがって行うことはできない「しくみ」があった。大野は，日本にもアメリカと同じような「作業員が固定化してしまっている機械工場の保守性」があったと指摘している。だが，日本であればこのような職能別職種別のしくみを打破することが可能だと述べている。

4.2　「日本的」しくみ

　では，欧米のしくみを打破する「日本のしくみ」とは何か。大野は，一人の人間が異なった種類の機械を担当する「多数台持ち」だと指摘している。

「種類の違った機械の多数台持ちは，アメリカにおいてはなかなか実行が難しいことについてはすでに触れた。日本でなぜ可能かといえば，ひとつには日本には欧米のような職能別組合がないからである。」(大野，1978)

大野はそして，「旋盤工はあくまで旋盤工であり，溶接工はあくまで溶接工でなければならない　アメリカのシステム」と「生産現場において旋盤も扱えば，フライス盤も扱う，ボール盤も扱う，さらに溶接も行うという，幅広い技術を身につけることのできる日本のシステム」と，日本と欧米の仕事で身につく教育システムのちがいを指摘する (大野，1978)。

こうした欧米と日本のシステムのちがいは，もちろん「優劣を論じにくい問題である。両国の歴史と文化の相違によるところ大であろう。それぞれにメリット，デメリットはあるだろう。それぞれのメリットを求めていけばよいであろう。」(大野，1978)

そして大野は，「働きがい」についてつぎのように述べている。
「日本のシステムでは，作業者一人一人が幅広い生産の技術を体得することを通じて」「生産職場のトータルシステム」をつくりあげるために，「参画する。そして重要な役割を演じてもらう。それこそが，働きがいに通じるであろう。」(大野，1978)

問題は，この両国のちがいがどこから何によって生じているのか。大野はそのどこからも何によってかについて何も指摘していない。何によって，欧米型と日本型のちがいは，生じるのだろうか。

4.3　大野とテイラーのちがいはどこにあるのか
大野の指摘から，まず日本と欧米が異なった「しくみ」をそれぞれもっていることがわかる。そのしくみは，第一章で指摘した「日本的経営」「日本的雇

用慣行」「企業別組合」の存在がある。これら3つの要素は，日本の企業が行動する枠組を形成している。

　まず，一つの企業に「長期勤続」することで，日本企業はいろいろな仕事（職務）を担当させ，経験を積ませることを重視してきた。大野が指摘する「幅広い技術を身につけることのできる日本のシステム」は，こうした長期勤続を前提にした育成方法により可能となった。

　つぎに，長期勤続という「しくみ」を強化する要素として企業別に組織されている労働組合が存在し，「会社」としての意識を強くする要因として働いていく。欧米のように職務を基礎に労働組合ができておらず，日本の場合は会社ごとに労働組合が組織されており労働組合は「企業」を強く意識させる。企業内での職務の変更について労働組合は一般に関与せず，企業内の労働力の流動化の点で労働組合の位置は欧米とは大きく異なっている。

　最後に，大野とテイラーではまったく異なった管理方法，とくに「構想と実行の分離」の考え方でのちがいである。大野は徹底した「現場主義者」である。先に記したように，日本の管理方式が世界に広がるまでの欧米企業では管理者の事務所は工場の外に置かれているケースが多かった。欧米とは対照的に，日本の考え方は管理者と現場の距離を近づけた。大野は「標準とは生産現場の人間が作り上げるべきものである。けっして上からのお仕着せであってはならない。しかし，企業全体の大きなデザインのなかで，工場全体のシステムが設定されてこそ，生産現場の各部分の『標準』も緻密で弾力的なものとなるはずである」と指摘している（大野，1978）。生産を管理する側が現場にかけつける管理者像を追求している。

　これは，図2-1の上の管理者側▽と下の遂行者側の▽の「構想と実行の分離」の溝を，大野は「現場主義」を利用して，「構想と実行の」両者の位置関係に修正を加えた，と考えられる。

まとめ

　第1に，テイラーの「科学的管理法」は人間の作業を分解し，作業内容と時間を把握することで，それまでの作業管理の主観性を排除することに成功した。第2に，フォードは，生産ラインでの作業を前提として作業管理を進めた。その結果，人間の労働は，より細かな単位で把握されることになった。管理手法としての動作研究において著しい進化を遂げ現代に続いている。

第3に，フォードの生産ラインを使った作業の進行と管理方法は，1970年代に入ると社会的な批判を生み，日本の生産，経営方式は，フォードとは異なった管理を示すとして注目されるようになった。

参考文献

赤岡功 (1989)『作業組織再編成の新理論』千倉書房

アルトシュラー，A., ルース，D. 著，中村英夫訳 (1984)『自動車の将来—その技術・経済・政治問題の展望』日本放送出版協会

大島俊一 (1967)『近代管理の成立　管理者としての機械技師群形成の研究』成文堂

大野耐一 (1978)『トヨタ生産方式—脱規模の経営をめざして—』ダイヤモンド社

奥林康司 (1981)『労働の人間化　その世界的動向』有斐閣

折口透 (1997)『自動車の世紀』岩波書店

小熊英二 (2019)『日本社会のしくみ』講談社現代新書

塩見治人 (1990)「アメリカにおける科学的管理法の生成・普及・変容」，原輝史編『科学的管理法の導入と展開』

ジャコービィ，S. M. 著，伊藤健市訳 (2003)「ヒューマン・リソース・マネジメントの1世紀」『関西大学商学論集』関西大学，47(6).

テイラー，F. W. 著，上野陽一訳 (1969)『科学的管理法—マネジメントの原点』ダイヤモンド社

テイラー，F. W. 著，有賀裕子訳 (2009)『新訳　科学的管理法—マネジメントの原点』ダイヤモンド社

中川誠士 (1992)『テイラー主義生成史論』森山書店

橋本毅彦 (2002)『標準の哲学』講談社

ピオリ，M. J., セーブル，C. F. 著，山之内靖・永易浩一・菅山あつみ訳 (1993)『第二の産業分水嶺』筑摩書房

フォード，H. 著，稲葉襄訳 (1968)『フォード経営—フォードは語る』東洋経済新報社

ボワイエ，R., デュラン，J. 著，荒井壽夫訳 (1996)『アフター・フォーディズム』

ミネルヴァ書房

嶺学（1983）『労働の人間化と労使関係』日本労働協会

嶺学（1995）『労働の人間化の展開過程—市場競争下の職場の民主主義』御茶の水書房

由井大三郎（1985）『戦後世界秩序の形成：アメリカ資本主義と東地中海地域1944-1947』東京大学出版会

湯川創太郎（2010）「アメリカのモータリゼーションと都市交通経営」『都市交通政策の国際比較（都市交通研究所「都市交通政策の国際比較委員会」報告書）』関西鉄道協会都市交通研究所

Web 参考資料

https://www.env.go.jp/policy/hakusyo/img/211/fbx.8.gif

第3章

大量生産の管理
生産ラインの技術と組織管理

> **学習目標**
>
> 1 日本の生産管理の特徴は，どこにあるのか理解する。
> 2 今日「リーン生産」や「トヨタウェイ」と呼ばれる考え方が世界に影響を広げる理由を理解する。
> 3 生産管理の技術的側面と社会的側面との関係を理解する。

1. フォードの大量生産モデルの登場まで

1.1 生産管理を生み出した機械生産の登場

　現代産業の起点はどこにあるのかと聞かれた場合，その答えは「産業革命」といえるだろう。産業革命は，19世紀後半からイギリスを中心に生じた社会・経済規模での生産方法，また生産全体で生じた革新を指す。産業革命が「革命」といわれる理由は，産業革命以前と以後では経済・社会が大きく変化したからである。産業革命の最も大きな特徴は「機械による機械の生産」が生じ，生産の過程に機械が導入されたことだといわれている。産業革命以前は，生産過程での主力は機械生産ではなく職人，つまり人間であり，産業革命による機械生産は職人を徐々に生産から駆逐する結果を招いた。

　今日「工場」といえば，どこにでもあるものと考えてしまうが，実は1720年代の初期の工場は，水車大工，大工，指物師，鍛冶屋など多種多様な職人がひとところに集められ，注文により機械を造っていた。当時の工場建設では，工場に設置する機械設備自体を自分たちで加工していた（塩見，1978）。では以

下では，まずフォードの大量生産方式を生み出した技術的社会的条件について見ていこう。

1.2 アメリカンシステム：フォードの生産方法を可能にした互換性原理による生産

大量生産のモデルとなったフォードの生産方法が実現に至るためには，いくつかの技術的な条件が必要だった。もっとも重要なのは「互換性部品」の生産だといわれている。「互換性」（Compatibility, Interchangeability）とは，「相互に交換できる」の意味であり，例えばある部品が壊れてしまった場合，製品全部ではなく壊れた部品だけを交換して，製品を使用する。こうした交換性を指す。

「互換性」という考え方の登場には1800年代のアメリカの独立のためのメキシコ戦争（1846年〜1848年）と南北戦争（1861年〜1865年）での武器利用の増大が背景にあった。当時使用されていた兵器は「マスケット銃」（17世紀以降の肩に当てて使用する歩兵用銃）であったが，当時は職人が手作業で銃を生産しており効率が悪かった。また銃の一部が壊れると，破損箇所の修理にも時間がかかってしまっていた。そのため壊れた部品だけが交換する「互換性」という考え方は兵器の使用にとって経済的であった（ハウンシェル，1988）。

1.3 専用の加工機械

では，こうした部品の交換を可能とするためには，どのような技術的条件が必要なのだろうか。まず，工作機械の精度向上である。それは完成品を構成する「部品」（部分品）を交換するためには「同じ大きさ」「同じ品質」の部品が複数なければ，部品としての交換はできない。だが同じモノ（製品・部品）を何個でもつくるためには「同じ」長さや大きさの製品を加工できる技術がなければならない。1850年代当時アメリカでは，同一の部品を専用に加工する専用の工作機械（部品の加工のために金属の切り出しや切削を行うための機械。旋盤，フライス盤，研削機などがある）を用いて製造されていたことから，イギリス人らはこのような生産方法を「アメリカンシステム」と命名した（橋本，2002）。

このような専用の加工機械による加工方法が，正確・精確に同じ製品（部品）を切ったり，削ったり，曲げたりすることを可能にした。

1.4 アメリカンシステムの有効性

アメリカンシステムによって，加工精度が向上しその結果，製造される製品にも均一性が出てきた。結果として同一品質の製品を多量に製造でき，かつ同一部品（互換性部品）の交換も可能になった。このように何百もの同一部品の供給を前提とするフォードのラインを用いた生産方法は「アメリカンシステム」を土台としてはじめて生産が可能となった（橋本，2002）。

こうした互換性に基づく製造方法はその後，ミシン，自転車の生産に広がっていった。だが，ハウンシェルが指摘するように，フォードの部品互換性のレベルはミシン製造のシンガー社と比べても著しくそのレベルは高く，生産ラインにおいて部品の精度調整を担当する「仕上げ工」は存在しないとのフォードの発言を引いている（ハウンシェル，1998）。

現在では，自転車の部品を例にとってみると，各パーツはほぼ交換可能となっている。これは部品自体の互換性の上で，さらにそれぞれのパーツの形状のインターフェイス（相互関係）が統一的な数値（企画）になっていることによる。「互換性」コンセプトの利用は，コンピュータを相互に結びつける USB の規格でも同様であり，インターフェイスを共通化させることで別々のコンピュータ間の接続を可能とさせている。USB の形状も互換性という考え方に基づいた発想である。このようにアメリカンシステムが示す互換性という発想は今日でも有効な原理である。

2. 現代の大量生産方式の原型：フォードの生産方式

第1章で触れたように，フォード社は同社の主力工場であるハイランドパーク工場を 1910 年に開始した。同工場は，車のボディが直線のコンベアを利用する方法を採用していた。同社は車の製造で大量生産のモデルとなった企業であり，先述したように「T 型フォード」は，1927 年の生産中止までに約 1,500

万台が販売されたと推測されている。

2.1 フォードの生産方式

フォードが導入した技術システムは，車のボディが直線のコンベアの上に置かれて流れてくる生産方法であった。コンベアの脇に作業者が立って生産を行う方法である。こうしたコンベアシステムを利用した生産方法は「ライン生産方式」「移動組立方式」と呼ばれる。

フォードは「種々の構成部品を組み合わせて一個の完成品」をつくり，「要は，あらゆるものを動かしておいて，人を仕事のあるところへ行かせる代わりに，仕事を人のところへもっていく」。ライン生産により「組立作業の場合は，移動作業台またはベルト・コンベアの一方の端からスタートして，移動しながら種々の部品を取り付けていくことが可能」になると述べている（フォード，1968）。コンベアをロープで引っ張るようになると，コンベアの動きと速度はロープを引っ張る速度によって変化するようになるとともに，ライン上のボディ全体が同じ速度で一律に移動するようになった。

2.2 「同期化」：ライン生産の特徴

フォードの生産ラインは，例えば自動車の製造であれば，ラインの上にボディが並べられ，ラインが動くことでボディも移動する。初期にはラインはベルトでは引っ張られず，人が押して動かしていた。だがその後，ラインの動きは一本の線で結ばれ，さらにコンベアを使って動くようになった。そのためラインが一本の線でつながり，さらに一方方向へと強制的に引っ張られるため，ラインのどこの部分でも同じ速度となる。ライン生産のそうした一律となった動きは「同期化」と呼ばれる。

2.3 「標準化」の徹底

ボディを生産ライン上に置き，連続して組み付ける生産方法にとって，組み付ける部品の統一は欠かせない。作業者が担当の箇所で取り付ける，すべての

部品は同じ条件に仕上がっていなければ不良となってしまう。アメリカンシステムで実現された，同じモノをつくる技術がなければ，フォードのような生産ラインは連続で生産することは実現しなかった。したがって，フォード生産方式は，アメリカンシステムを基礎にしたものであるといえる。さらに現代の大量生産も基本的には，部品を複数利用している製品の場合，アメリカンシステムが応用されているということになる。

　フォードはこうしたアメリカンシステムの特徴を「標準化」として捉えており，フォードの工場をアメリカ，ヨーロッパへと配置していく場合，どこでも同一規格の部品が配送される必要があり，フォードにとって部品の標準化が重要だと指摘する。そのためフォードは部品製造を自社内で生産する部品の内製化へと進み，組み付けに用いる部品の工作機械も一般に利用されている汎用品を利用しながら専用機を自前で制作した（フォード，1968）。

・「流れ作業」：ラインバランス

　ライン生産を導入した場合何が起こるのだろうか。まず，生産が一本のラインで強制的につながることで，ライン全体が一つの「同期化」した動きを引き起こす。そのため人の動きもラインに同期化され，コンベアでの作業は，「流れ作業」と呼ばれる。

　「流れ作業」の特徴は，ラインが同期しているため，ライン上の作業にはそれぞれの作業の均等性が必要になり，これは「ラインバランス」と呼ばれる。ラインバランスを均衡させるために，それぞれの部品の取り付け作業での平均を求め，各部品の組み付け順序を崩すことなく，部品の取り付け時間の上限を超えないように部品を配置する。どの作業もできる限り均等な時間内に行える仕事内容へと均一化させることがライン生産の管理にとって大切な要因となる。そのため，個々の作業は強制的に分割され，「ボルトを締める」というように，ある部品を組み付けるための単純な動作へと解体された。作業者は決められた単純な作業を繰り返す存在となり，非熟練労働者と呼ばれた。フォードの生産ラインでは，そうした非熟練労働者が一括して大量に必要となった。

2.4 「時間分析」でのテイラーとフォードのちがい

　フォードの生産ラインが生み出した「作業の単純化」は，テイラーが作業分析により仕事を内容と時間によって明確にすることで行った「熟練の解体」とは異なる特徴がある。この作業についてのテイラーとフォードのちがいを理解することがとても重要である。

　テイラーとフォードのちがいについて「フォードの取り組み方は，機械により労働を削減することであり，…テイラーは生産上のハードウェアは所与とした上で，労働過程と作業組織の修正を追い求めた。これに対し，フォード社の技術者は作業工程を機械化し，労働者は機械に材料を送り込み，機械の世話をするものだと考えた」（ハウンシェル，1998）

　つまり，テイラーによる作業の詳細を把握して管理するという考え方は，作業の最速を求めるものであったが，フォードでは均一な労働の構成と編成が課題となり，そのためフォードで用いられた詳細な動作についての計測研究は，作業としての行為をより小さな単位で計測する「動作」研究の道を開いた。

2.5 労働を「動作」に分割し計測する

　こうした作業行動を「動作」のレベルにまで分割し計測する方法は，テイラーの時間研究を踏まえたギルブレス夫妻の「動作研究」によって進化を遂げる。ギルブレスらは，「動作」と「動作時間」を計測する方法を確立し，これにより労働を「探す」「見出す」など18の動作単位（サーブリング）に分け，秒以下の単位（ウインク）にまで計測単位を分け，労働を分解した。ギルブレスの動作研究は時間と行為の産業標準を規定した（大島，1997）。

　現在世界の作業分析の基礎として利用されている動作計測の手法には，作業をさまざまな動作のファクターとして把握する WF（Work Factor Analysis）と MTM がある。例えば，MTM（Methods Time Measurement）と呼ばれる作業動作に用いられる時間分析の単位は1時間を10万 TMU（Time Measurement Unit），つまり 0.0006 分で分析する。具体的には人間の行為を「伸ばす」「運ぶ」「まわす」「つかむ」など10個の「動作」の基本要素に分け，人間行動をこれ

ら基本要素の「動作」の集合としての把握によって，基本要素の動作単位ごとに比較することが可能になった。こうした詳細な作業管理がとくにコンベアシステムを利用する工場では広く用いられている。作業を秒単位で計測し，作業を管理することがライン生産の効率性と安定のためにも必要な管理手法となったからである。ライン生産という技術的条件の変化は，テイラーが行った作業分析の手法を，より詳細にする方向へと向かわせた。

2.6　フォードが日給制にした理由

　フォードの生産ラインでのコンベアに合わせて仕事をする方法は，賃金の考え方にも影響を与えテイラーの出来高払い制は「日給5ドル」という日払い賃金という形に変わった。なぜ出来高制は取りやめられたのだろうか。この理由をしっかりと考える必要がある。

　もちろんフォードでもテイラーのように作業分析や時間分析は行われている。だがその賃金の支払い方法は出来高制ではない。いわゆる時間給に変更された。その最大の理由は，生産ラインでの流れ作業はラインのペースに合わせて均一の労働を求められた。そのため，出来高で競う必要がなくなった。これがもっとも大きな原因である。

　なるべく速く作業をこなすという点から仕事量を管理すると，QCD が確保できない点も指摘できよう。フォードのライン作業のメリットは，各作業者の作業を同一のペースで動かすことができる技術的な仕組みである点にある。ライン生産は，多くの労働の作業速度を一律に管理する上ではきわめて効率的な技術的仕組みであり，「同期化」はフォード システムにおいては最重要な管理手段であり生産安定のための課題になった。

　だが，こうした詳細に人間の行為を細部まで把握して作業管理を行う方法と方向が，第2章でふれた大量生産批判としての「労働の人間化」や，以下で述べる日本的生産方法への期待となる要因を形成した。

3. 転換：“Made in America”の衰退と日本の台頭

1970年代に入るとフォードの生産方式は大きな壁にぶつかった。1970年代初頭に世界を襲った1973年の第一次オイルショックである。オイルショックにより原油価格は4倍に跳ね上がり，石油を中心とした化石エネルギーに依存して成長を遂げてきたアメリカの大量生産・大量消費指向の社会メカニズムは転換点に差し掛かった。「フォーディズムの危機」と呼ばれる現象である（山田，1991）。

アメリカ経済が落ち込んだ要因は，石油の値上がりによるアメリカの主要輸出製品である自動車の売れ行き鈍化など，製造業全体の国際競争力の喪失と考えられた。そしてその直接的な原因の一つは日本車など日本製品の輸出拡大とアメリカへの進出であった。MIT (Massachusetts Institute of Technology：マサチューセッツ工科大学) はこうした状況を「大量生産というアメリカが歴史的に培ってきた強さが，逆に今日の新しい経済環境に対応する上で必要な変革にとって障害となっている」として，自動車産業などを対象に産業の国際競争力の調査を進めた（ダートウゾス・レスター・ソロー，1990）。同様に国際競争力調査は1990年代にも行われ，マイケル・ポーターにより1992年『国の競争優位』としてまとめられたが，ここでも日本の経営的柔軟性が強調されている。

3.1　「日本的」な特徴とはどこにあるのか－フォードとのちがい

日本企業の生産方式への注目は，1990年代初頭トヨタなど日本の自動車メーカーの北米進出を背景としてさらに高まった。そして日本の生産方法は「リーン生産」(Lean：ムダのない) としてまとめられ，世界の生産モデルとして賞賛されるようになり，「リーン」の名は製造業だけでなく，経営方式の合理化の手法として世界の企業により幅広く受け入れられるようになっている。そして2000年代に入りライカーの『ザ・トヨタウェイ』が出版され，いっそう日本の生産方法—実際は生産管理法式—は，国際的な普遍的モデルへと進化し今日に至っている。日本の生産管理の特徴はどこにあるのか，以下3点をあげておく。

3.1.1 「ラインを止める」＝自働化（ニンベンのついた自動化）

　まずニンベンのついた「自働化」である。ライン上，部品，作業進行に異変や異常が起こった場合「生産・設備を止める」ことを指す。大野は「異常があれば機械を止めるということは問題を明らかにするということでもある。問題がはっきりすれば改善もすすむ。… 私はこの考え方を発展させて，人で作業による生産ラインでも異常があれば，作業者自身がストップボタンを押してラインを止めるようにした」と述べている。大野は「ラインを止める」ことは自働化＝「機械に人間の知恵を付けること」の事例として生産現場におけるムダをなくし，自働化を利用した「目で見る管理」でもあると強調する（大野，1978）。

　図 3-1 を使って説明すると，もし作業が遅れてしまい，ライン上の「定位停止線」を超えそうな「異常」が発生した場合，作業者はライン頭上に設置してある「ストップヒモ」を引く。するとヒモの信号はライン脇に設置されている赤黄緑の「アンドン」のランプを点灯させ，「異常」が生じたことを周りに知らせる。ランプが点灯することで「異常」が目に見え，またそこから「なぜ問題が発生したのか」，改善のためのきっかけが目に見えるようになる。つまりアンドンの点灯により問題のあぶり出し＝見える化ができるということである。

　だが，この「ラインを止める」は欧米では躊躇がある。それは作業に直接当たる労働者に対して「アメリカの経営者は，稼働しているシステムを労働者が手直しするのを嫌う傾向があり『故障していなければ　手をつけるな』という原則をとっている」（ダートウゾス・レスター・ソロー，1992）と，指摘されていたように経営者はラインを止めるのをいやがった。また解雇が比較的しやすいアメリカでは，作業者がラインを止めることは作業者には「よいこと」とは映らなかったであろう。問題は生産を「止める」それを改善に結びつけるという発想の問題でありライカーは「止めることによる品質管理」と説明している（ライカー，2004）。

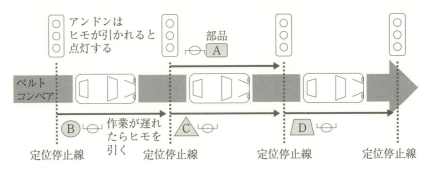

図3-1 アンドンとストップ紐で異常を「見える化」する

3.1.2 改善・カイゼン

「リーン生産」の後、トヨタ的思考を体系化した「トヨタウェイ」においては問題解決の組織学習として重視されるツールとして「改善」は位置づけられた。「改善」は日本語であるが、海外でもKaizenといえばほとんど通じる国際的用語となっている。改善は英語に訳すと、"continuous improvement"と訳すことが多い。つまり「継続的によくしていくこと」を意味し「継続」が強調されていることがポイントだ。

なぜ継続が問題となるのか。それは「カイゼンは誰が行うのか」「カイゼンの成果をどのように配分するか」というカイゼンを進める当事者や成果が個人主義の強い欧米では問題になってくるからだ（ライカー, 2004）。また海外日系企業ではカイゼンの遂行管理が企業組織の状況や国によって異なっている（田村, 2011）。日本企業では改善の成果は企業全体の利益として理解され、改善は企業をよくするための意欲の表明として捉えられてきた。日本企業では「社員として当然」と考えられている行動が、欧米や中国など社会的背景が異なるとその解釈が変化する。そのためカイゼンは「日本的経営のもっとも重要な概念」と評価され、欧米のイノベーションと対比される存在とし（今井, 1988）、ローザーは「行動様式を定型化」するものだ（ローザ, 2016）と指摘している。

だがさらに日本の製造現場のカイゼンの実態を見ると、改善活動の継続と成果達成のために次の3.1.3で述べる独特の組織的条件が形成されていることがわかる。

3.1.3 独自な日本的「現場主義」による「構想と実行の分離」の融合

最後の要因として，3.1.2の製造現場で改善活動を支える日本独自の組織的条件について見ておこう。そこで第2章で示した「構想と実行の分離」（図2-1 p.30）の図と比較しよう。

まず図2-1では上下2つの三角形は分断されていた。その意味は，管理者側が課業を設定し，それに対して作業遂行者側が定められた課業を遂行する，ということである。課業設計者と課業遂行者＝労働者とは分離されていることを示した。

では日本や日系企業ではこの2つの三角形の接点の部分はどうなっているのか。図3-2は，上下の2つの三角形の重なりがあることを示している。このことは欧米的「構想と実行の分離」が日本では「現場主義」的発想によって，さらに「現場に近い」エンジニアである「製造技術」の機能により，分離が統合へと進んだことを示している。

なぜこのような重なりが生じるのだろうか。その理由の一つは，大野の「製造技術」という志向が「構想と実行の分離」に修正したと考えられるからである。

どういうことか。工場の生産管理の組織階層を示せば，生産ラインのレイア

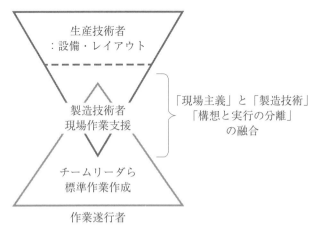

図3-2 「現場主義」と製造技術を使った「構想と実行の分離」の融合

ウトや設備の設計・管理を担当する「生産技術者」(Production Engineer) とそのレイアウトや設備の下で実際の作業遂行過程を担当する「製造技術者」(Manufacturing Engineer) の2種類の技術者がいる。この2つの異なった役割を果たすエンジニアは，例えば工場，新設備の立ち上げの準備を行う場合，前者がまず生産の大きな流れを決める設備のレイアウトを設計し，その後，後者の製造技術者は実際の作業過程を検討し，標準となる作業を設計する。操業の開始後には，工場の日常的設備管理，作業の時間計測，標準作業の設計，工具，用具などの適性と選択などを現場作業者側と相談し決めていく。さらに下の△に属する作業遂行者側は，標準作業を遂行しながら，標準作業の改善提案については，作業遂行者の提案を製造技術が確認し新たな標準作業を設定することになる。

3.2 「現場」をよく知る技術者＝製造技術者

「日本的」と考えられる点は，改善提案を製造技術者と作業遂行者が双方でチェックするという製造技術者と作業遂行者が重なり協力して標準作業が形成される点である。通常欧米企業では技術者側と作業遂行者側では標準設定で重なる機会は与えられない。日常的な作業内容についても技術者側は指示する側に立っている。標準作業の設定には作業の内容を熟知し，問題があれば適切に修正・対処できる知識をもっている技術者でなければ，担当できない。また製造現場で生じるトラブルなどについても製造技術者は作業者を補佐し，生産効率の維持・向上に寄与する。このような製造職場での実際の仕事内容を把握しトラブルの内容を分析できる製造技術者の役割が，欧米の工場ではきわめて弱く，一般に製造技術者の位置は不明である場合が多い。

これまでも述べてきたように大野耐一は「現場」に直行する技術者を重視した。その役割には2つの側面がある。一つは現場に行って生じている問題をリアルに把握し対処する。2つ目が問題の原因分析と解析である。とくに後者の役割は重要であり，現在では，できる限り新製品の投入に当たっては，投入早期の段階で生産技術，製造技術，それと製造に直接かかわるベテランの作業者

らが事前にレイアウトや設備の流れをチェックして量産の準備を行うことが日本では一般的である。

だが，量産が開始されて以降でも，製造現場で生じたさまざまな「つくりにくさ」の指摘や改善提案は製品設計などへとつながる「上流」へと伝えられ，次期開発に利用される。つまり製造職場の情報がフィードバックされる情報連携が製造技術を中心にして組織的に形成されている（田村，2017）。大野が「経営に直結する全社的な製造技術」と表現する意味は，製造現場を起点とする価値形成の重要さであろう。

こうした「現場」に密着する視点をもつ製造技術者にも歴史があり，第二次世界大戦終了直後の部品の加工過程をつぶさに調べあげ原価把握を行うために形成された「大野ライン」が元になっている（和田，2009）。製造技術の役割は，「構想と実行」の2つの領域をブリッジし，両者を媒介する役割を果たす独自の技術者ということができる。彼らの存在は日本ならではの特徴であり，日本の製造現場の強さを支える上で重要な役割を果たしている。そして日本の製造現場が，生産技術者—製造技術者—作業遂行者の3者の連携で成り立ち，製造技術者が構想と実行を結びつける役割を果たしている。このことは日本の組織的特徴だと考えられる。

3.3 海外移転：日本的要素は移転できるのか？

1980年代以降，日本は海外へと生産拠点を移動させてきた。海外生産の広がりである。そのため現在「生産管理」が想定するケースは本国の工場，海外の工場の2つが考えられ，それぞれの工場がどのように運営されているのか検討する必要がある。国々，地域という文化や社会が異なる海外では，工場で働く人たちがどのように働くのか，管理体制という視点でも注意を向ける必要がある。

図3-3は，本社がある本国と海外移転先との関係を示している。図は，本国で培ったノウハウやその企業独自の考え方が海外にそのまま伝わるとは限らない。海外に行けば，移転先の社会のルール，ものごとの考え方，価値観などさ

まざまな要因から本社がある本国は「何を移転先に移転すべきか」「何を現地化」するのか，選択を迫られる，ということを段階的に説明している．

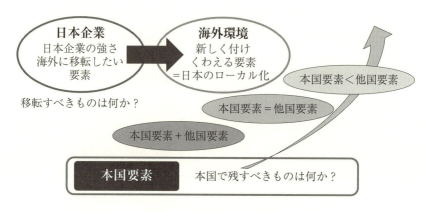

図3-3　海外移転での課題

現実に，その企業の本社が置かれている「本国」にある機械設備をそのまま海外に持ち込んでも，移転先の社会での働き方の価値観などの差により機械・設備の管理がうまくいかないことが生じる．例えば，日本企業では，作業者が自分の職場を清潔に保つことは「当然」とされるが，海外では「清掃は専門の仕事」であり，作業担当者が職場の清掃をしないことが当たり前のこととされることがある．また移転先の温度，湿度，地盤の固さなどの気候や地理的環境によっても，工場の運営条件が変わり，設備管理の方法も本国とは差異が生まれる．これら移転で生じる社会条件，管理条件の本国との差異は，実際に移転先の環境により偶然に起こることもあり，海外移転と管理にはさまざまな問題が潜んでいることを理解しておく必要がある．

日本企業の海外展開については，今後いっそう重要性を増すと考えられるが，海外の出先の工場の生産管理と運営での日本人の役割は日本本社での経験を踏まえ，現地工場に本社の管理方式や考え方を伝え定着させ，さらに次世代の現地人材を育てる役割を負ってきた．だが，経営規模が拡大すれば管理体制を日

本人がすべてまかなうことはできず，管理権限の現地移転と現地管理者，ローカル人材の採用が必須になる。今後，日本企業が日本本社や本社工場で築いてきたノウハウや知恵をどのように海外工場へと伝えるのか，その伝える内容の取捨選択と伝える手段の構築が重要性を増す。

この海外移転の問題は，今日では日本本国においても同様に，海外から優秀な人材を組織に取り込み，企業組織を運営する課題と裏表の関係になっている。これまで自分たちの依拠してきた組織行動のルールや組織的ノウハウなどをどのように伝えていくのか，検討を求められよう。国内の国際化である。このように，海外移転はどのような方法で移転を進めるのか検討課題は多い。

3.4　生産管理の考え方を整理する重要性

日本の生産管理の方法は 1990 年代以降「リーン生産」，現在では「トヨタウェイ」と呼ばれ，生産モデルや管理理論の代表として，世界に広がっている。本章で述べてきたように，生産管理は生産に利用される技術や機械の管理として機械工学的視点から学ぶことはできる。だが，機械や設備を動かすために必要な人的組織的領域でのルール，判断方法などとなると，それは組織に関する考え方や作業を遂行する人たち，設備を用いる人たちの「考え方」への考察が個人のレベル，集団のレベルの両面から必要になる。

例えば，実際に工場でトラブルが生じた場合，どのように対処するか。それぞれの状況のちがいはあっても，トラブルへの対処の「考え方」「判断」の背景にある認知の役割は欠かせない。またトヨタが生み出した「自働化」という考え方は，機械と人間の関係を日本企業がどのように「考えてきたか」をよく示す事例である。

今日，「リーン生産」や「トヨタウェイ」は世界の企業で学習され彼らの経営と生産管理に取り入れられている。吸収過程を見ると，日本企業の行ってきた生産管理はたんに生産管理の手法・手段としてではなく，生産管理を行う上での「考え方」や「視点」にもなって経営行動にまで影響を与えている。

3.5 認知の役割とその組織的編成

　では，「リーン生産」や「トヨタウェイ」が示す生産についての考え方が，なぜ，日本以外のどこの国の企業でも導入でき，可動することができるのだろうか。なぜ，国や企業のちがいを超えて導入が図られるのだろうか。それは「リーン生産」や「トヨタウェイ」が管理手法と手段の束にすぎないからなのだろうか。

　そこで手法や手段の側面も考慮して「リーン生産」「トヨタウェイ」を認知の観点から見ると，以下の3つの認知の形態によって構成されていると整理できる。

　まず，ライン生産で「異常」を発見した場合，作業者はラインを「止める」状況を察知しストップヒモを引き，アンドンを点灯させる。これによりコンベアラインの同期化生産を制御する。この場合の認知の利用は「装置制御型」の認知と呼ぶことができるだろう。

　つぎに，日本企業では「改善」を進めることの重要性を強調している。この場合，「改善」の個々の事例は別として，組織として「改善」を重視した場合，改善は組織にとって共通した「理念型認知」として，組織内での改善を進め，自働化を推奨する要因として働く。

　最後に，職場に規律ある行動を定着させるために，例えば5S（「整理・整頓・清潔・清掃・しつけ」）を行う。また分析する場合には「なぜを5回繰り返せ」というような「5つのWhys」のような具体的に使うための「手段型認知」が用いられる。この認知は道具・手段としての認知であり，思考，行為のための手段となるツールとしての認知である。

　これら3つの装置制御，理念，手段の各認知は組み合わされて，組織的に組織共通の認知体系を組織内に構築している。例えば「何か問題があったらストップヒモを引く」これは生産を実際に管理する手段の使い方を指す。だが「問題があったら止める」という認識は組織全体の共通認知として機能する。こうした認知要素と編成は，企業，集団で働く人の意識と行動を組織化させるための共通土台を形成している（田村，2022）。

　これらの認知が組織行動に一貫性を生み出し，さらに個人レベルでの相互の

意識を集団内で成員相互での確認を可能とするのであり，日本企業を支えるための企業意識となっていると考えられる。

3.6　重要性を増す認知の組織化

　組織における認知研究は，日本企業では「組織的コンテキスト」を使って行為と判断を導くこと（ライカー・フルーイン・アドラー，1999）や企業で用いるさまざまな意識形態や暗黙知が形式知へと転換されることが強調されてきた（野中・竹内，1996）。

　また，企業それ自体を一つの知識集合体として捉える視点も提示されている（Tsoukas, 2009）。

　組織における認知の形態は，企業組織で行動する人間にとって，それぞれが自らの考えをもちながら同時に職場や企業で意見を交わしながら協働するために不可欠な情報領域を形成している。認知と認知能力の構築は企業成長にとって重要な知的かつ組織的資産となって企業競争力を支えると考えられよう。また今日では組織の知的蓄積，人間の知的活動を「無形資産」として重視されるようになった（ハスケル，2020）。

　企業の海外展開やジョブ型の仕事中心の社会の到来が必要とされる今日，どのような認知状況を組織は築けるのか，認知の役割については検討すべき点が残されている。

　今後 ICT (Information and Communication Technology：情報技術) の進化と発展の中で，仕事の形態が多様化し，仕事上での分担・連携が空間的に広がりを拡張させる。そのため各組織成員の役割・判断と組織的な共通認知の形成がよりいっそう重要性を高めることはまちがいない。

　今後の生産管理領域にとって，人間の認知をどのように扱い生産行動へと活かすのか。認知機能と生産管理の関係は組織機能の観点からも注目すべき検討領域を提示している。

まとめ

第1に，フォードの大量生産にはメリットとデメリットがあり，日本はフォードから学びつつ，独自の工夫と発想でフォードの方法に修正を加えている。

第2に，日本の生産管理は欧米型の「構想と実行の分離」に一部修正を加えることで独自な展開を遂げている。とくに生産管理を現場で進める製造技術者の役割には特徴がある。

第3に，日本の生産管理の方法は，日本的な経済社会環境の下で形成されている側面が強く，今後，国際化する企業活動，ICT が広がるなかで，どの要素を残せるのか，選択の時期が来ている。

参考文献

今井正明 (1988)『カイゼン』講談社

ウォマック, J. P., ルース, D., ジョーンズ, D. 著, 沢田博訳 (1990)『リーン生産方式が世界の自動車産業をこう変える』経済界

大島俊一 (1997)『近代管理の成立　管理者としての機械技師群形成の研究』成文堂

大野耐一 (1978)『トヨタ生産方式―脱規模の経営をめざして―』ダイヤモンド社

大野威 (2003)『リーン生産方式の労働：自動車工場の参与観察にもとづいて』御茶の水書房

塩見治人 (1978)『現代大量生産体制論』森山書店

ダートウゾス, M. L., レスター, R. K., ソロー, R. M. 著, 依田直也訳 (1990)『Made in America：アメリカ再生のための米日欧産業比較』草思社

田村豊 (2011)「海外進出の生産マネジメントへのインパクト―日本型管理分業への着目とその評価」清晌一郎編著『自動車産業における生産・開発の現地化』社会評論社

田村豊 (2017)「生産組織の日本的特徴とその移転可能性―国際比較による日本的生産方式を支える組織編成の検討」, 清晌一郎編著『自動車産業の海外生産・深層現調化とグローバル調達体制の変化―リーマンショック後の新興諸国でのサプライヤーシステム調査結果分析』社会評論社

田村豊 (2022)「生産行動における分業と認知機能―ウッデバラ再論―」『労務理論学会誌』第31・32合併号

野中郁次郎・竹内弘高著, 梅本勝博訳 (1996)『知識創造企業』東洋経済新報社

ハウンシェル, D. A. 著, 和田一夫ほか訳 (1998)『アメリカン・システムから大量生産へ 1800-1932』名古屋大学出版会

橋本毅彦 (2002)『標準の哲学：スタンダード・テクノロジーの三〇〇年』講談社

フォード，H. 著，稲葉襄訳（1968）『フォード経営—フォードは語る—』東洋経済新報社

ハスケル，J.，ウェストレイク，S. 著，山形浩生訳（2020）『無形資産が経済を支配する—資本のない資本主義の正体』東洋経済新報社

ベッサー，T. L. 著，鈴木良始訳（1996）『トヨタの米国工場経営—チーム文化とアメリカ人』北海道大学図書刊行会

ポーター，M. E. 著，土岐坤・中辻萬治・小野寺武夫・戸成富美子訳（1992）『国の競争優位』ダイヤモンド社

山田鋭夫（1991）『レギュラシオン・アプローチ—21 世紀の経済学』藤原書店

ライカー，K. 著，稲垣公夫訳（2004）『ザ・トヨタウェイ』（上）日経 BP 社

ライカー，K.，フルーイン，W. M.，アドラー，P. S. 編，林正樹ほか訳（2005）『リメイドインアメリカ—日本的経営システムの再文脈化—』中央大学出版部

ローザ，M. 著，稲垣公夫訳（2016）『トヨタのカタ　驚異の業績を支える思考と行動のルーティン』日経 BP 社

和田一夫（2009）『ものづくりの寓話—フォードからトヨタへ—』名古屋大学出版会

Tsoukas, Haridimos（2009）*Complex Knowledge: Studies in Organizational Epistemology*, Oxford University Press.

第4章
大量生産における品質管理

学習目標
1 製品の意味について理解する。
2 企業の競争力と品質に関する考え方について理解する。
3 品質不良に伴うリスクを事例に沿って考える。

1. 製造業の分類

　品質管理の対象は，主に製造業者で生産される製品である。市場に流通しているさまざまな製品は，製造業者それぞれの強みを活かしてつくられている。製造業とは原材料を加工したり組み立てたりすることによって製品を生産し，顧客へ提供する産業である。経済産業省（1996）によれば，製造業は，「基礎素材型産業」「加工組立型産業」「生活関連型産業」に分類される。

表 4-1　製造業の分類

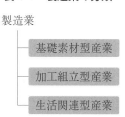

出所：経済産業省（1996）をもとに筆者作成

　「**基礎素材型産業**」とは，鉄，石油，木材，紙など，産業の基礎素材となる製品を製造する産業であり，「加工組立型産業」「生活関連型産業」への橋渡し

となる重要な役割を担っている。日本は鉄鋼業，金属製品や石油製品の生産量において，世界的に見ても上位であるが，近年は中国やインドなど新興国の発展が目覚ましい分野である。また原料の輸入輸送の観点から製造工場は，臨海部に位置していることが多い。

「加工組立型産業」とは，自動車や家電などの加工製品を製造する産業である。また，「加工組立型産業」は，「加工型」と「組立型」に分類される。

加工型：加工用機械によって特定の素材を部品へ加工する類型。例えば，金属素材の板金加工や切削加工のように，扱う材料や加工機能によって分類される。

組立型：部品を完成品として組み立てる類型。例えば，輸送用機器，産業用機器，電気機器のように製品で分かれる。日本国内には，家電メーカー，自動車メーカーなど，世界的にも広く知られている企業が数多く存在しており，業界全体を牽引している。

「生活関連型産業」は，飲食料品，衣服，家具等の衣食住に関連する製品等を製造する産業である。

2. 品質とは何か

品質は，既述したような産業で生産される製品すべてに求められる共通した要素である。「品質」とは「製品やサービスが顧客の期待を満たし，顧客が得る満足の程度」と解釈される。つまり「品質」とは，顧客満足を視野に入れた概念である。したがって，消費者の購買意欲を掻き立てたり，使った後の満足度が高かったりする製品は，高品質な製品といえる。別の視点からいえば，品質は，消費者あるいは市場によって決められるものである。ここで着目しておくべき点として，消費者による品質評価は，品質がよければ満足，品質が悪ければ不満，という単次元的なものでなく，品質が良くて当たり前と感じるものもあれば，品質が良くても不満を感じる場合がある（張，2012）。つまり，顧客によって各々の品質の評価軸や求めるレベル，優先順位が異なり，特定の顧客満足度を高め利用促進につなげる試みは，必ずしも満足度を高めるとは限らな

い (高松・具, 2009)。それを理解するために, ここではモデルを用いて品質の種類について触れていく。

2.1 品質の種類 — 狩野モデル

狩野ら (1984) は, 製品・サービスの品質について「当たり前品質」「一元的品質」「魅力的品質」「無関心品質」「逆品質」の5つに分類している。それぞれの品質は, 顧客満足度に対する影響が異なるという考え方を示している。

① 当たり前品質の要素

充足されれば当たり前と受け取られるが, 不充足であれば不満を引き起こすような品質要素。例えば, 自動車であれば,「安全に走行することができる」という要素である。一昔前は「携帯電話の電波が途切れないこと」や「パソコンのセキュリティーが確保されていること」は魅力的品質であったが, 現在では当たり前品質に変化している。

② 一元的品質の要素

有れば満足, 無ければ不満を引き起こす品質要素。例えば, 車のカーナビゲーションのように車に標準的に設置されているものは, それが無いと不満を感じるような要素である。

③ 魅力的品質の要素

充足されれば満足を与えるが, 不充足であっても仕方ないと受け取られる要素。例えば,「スマートフォンの直観的で斬新なデザイン」や「ホテルの迅速かつ高品質なカスタマーサポート」など, その機能やサービスに付加価値を与えるような要素である (北村ら, 2013)。

④ 無関心品質の要素

充足でも不充足でも, 満足も与えず不満も引き起こさない品質要素。例えば, 自動車の見えない部分の塗装の色や, 家電に付いてくる取扱説明書のデザインのように, それが付いていてもいなくても顧客の満足度に影響を与えない要素である。

⑤ 逆品質の要素

充足されると逆に評価を下げる品質要素。例えば，ユーザーが望まない機能が含まれているなど，充足されているのに不満を引き起こしたり，その逆に，不充足であるのに満足を与えたりする要素である。

なお，図4-1で示すように，「魅力的品質」と「当たり前品質」は「一元的品質」に対して対立的な関係にあり，「魅力的品質」要素と評価された製品も陳腐化すれば「当たり前品質」として評価される（橋本・松土，2018）。

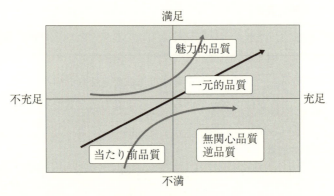

図4-1　品質モデル
出所：狩野紀昭・瀬楽信彦・高橋文夫・辻新一 (1984)

このように品質の持つ意味は多面的であり，どの品質が当たり前で，どの品質が魅力的かは一律に決めることはできない。壊れないことを重要品質とする消費者もいれば，余計な機能がなくシンプルな機能を重視する消費者もいる。つまり，顧客が求めるものという意味では品質の定義は一様ではない。さらに，品質を競争力の視点から考えると，当たり前の品質を実現するだけでは競争の激しい市場で優位に立つことは困難である。魅力的，かつ，競合する他社と差別化できる品質も追求して初めて競争力につながるといえる。

3. 製品の品質
3.1 総合品質

　品質をより具体的に定義すると，製品に体化された性能，機能，デザインなど，明示的または潜在的な顧客のニーズを満たし，顧客満足を生み出すあるものの総合である。高松ら（2009）によれば，総合品質は消費者の評価を決める製品の最終的な品質であり，製品の顧客満足度に直接影響する。また，総合品質は，設計品質と製造品質に分類される。つまり，高い顧客満足度を得られる総合品質は，高い設計品質と高い製造品質の両方を必要とし，いずれの品質が欠けても高い総合品質の達成は不可能である。設計品質が低ければユーザーの興味関心を引かず，製造品質が悪い不良品を提供すればユーザーからクレームを受けてしまう。

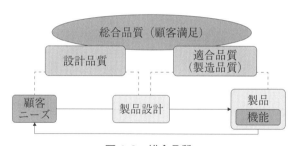

図4-2　総合品質

出所：高松朋史・具承桓（2009）

3.2 設計品質

　消費者が求めるのは技術そのものではなく，その「効用」であり，それを実現するのが製品に反映された機能である。その意味において，設計品質は情報としての消費者ニーズが製品の機能や性能といった設計へ適切に反映されているかの度合いを示す。つまり，設計品質とは，ユーザーや消費者のニーズが製品機能として反映されているかを示す品質である。

3.2.1 設計情報としての顧客ニーズ

消費者の求める機能を反映するための重要な要因として設計情報がある。設計情報は，**必要とされる機能を製品の設計に反映するために不可欠な情報**である。どんなに高度な技術で開発された製品でも市場のニーズが無ければ価値の無い製品でしかない。つまり企業が市場へ供給する製品は，企業の主観で設計されることはなく，市場のニーズに基づいて開発される。顧客ニーズは最も重要な設計情報であり，製品の販売プロセスやフィードバックから得られる。このようにして収集した情報や過去の開発や，その知見として得られた設計情報は市場のニーズを的確に反映したものであり，新製品開発だけでなく既存製品改良のためにも役立たせる必要がある。

3.3 製造品質

機能や外観が設計図面通りに実現されているかどうかを示し，製造プロセスで実現される。つまり，**製造品質は，設計コンセプトが品質に反映されているかの度合いを示す**。製品に対して顧客から満足のいく評価を得るには，設計情報に基づいた製品コンセプトを製品自体に反映する必要がある。つまり，設計品質が優れていても，製造品質が悪ければ顧客の評価は得られず，製品の競争力にはつながらない。製造品質は，製品を設計に基づき生産・製造するプロセス（設計情報を土台とした製品コンセプトを具現化するプロセス）で決定づけられる。そのため，製造品質は深層の競争力に大きく影響し，生産・製造プロセスにおける品質評価も必要となる。そのためには，生産の過程で重点を置くべき品質の要素を把握しなければならない。

4. 品質管理とは

品質保証や品質管理という言葉を耳にするがその違いは何であろうか。まず，品質保証は品質管理よりも対象範囲が広く，その具体的な活動も多岐にわたる。品質管理と異なる大きなポイントとしては，生産工程の前に行う素材や原材料の品質チェックもあれば，製品が工場から出荷された後の品質対応などのカス

タマーサービスなども含まれる点である．具体的には，製品に対するクレームや不具合などのトラブル対応を行うだけでなく，そこで収集した情報を製品の品質を安定させるために設計や生産活動に反映する取り組みも含まれる．つまり，生産工程にとどまらない幅広い仕事である．一方で，品質管理は企業の競争力として最も重要な要素である反面，リスク管理の対象と考えることができる．品質が不十分であると，場合によって企業は使用者（ユーザー顧客）に対して甚大な損害を与えてしまうこともあり得る．つまり，品質には，**競争力としての品質と管理対象としての品質**という2つの側面が挙げられる．

4.1 競争力としての品質

企業が製造する製品の競争力は，「表層の競争力」と「深層の競争力」によって構築される（藤本, 2001）。

図 4-3　競争力の概念
出所：藤本隆宏（2001）をもとに筆者作成

まず，表層の競争力は特定の製品に関して顧客が直接観察／評価できる指標を指す．

価格，知覚された製品内容，納期などが顧客によって評価される指標．表層の競争力は模倣され易く，価格競争に追い込まれるコモディティ化を招く要因

でもある。

深層の競争力は顧客から直接観察できないが，表層の競争力を支える生産性，開発および生産リードタイム，開発工数，設計品質などをいう。

深層の競争力は，企業独自のノウハウや仕組み，プロセスを反映するため，模倣は困難で，かつ競争力の根源となり得る。なお，市場での競争力を支える指標として品質（Quality），コスト（Cost），納期（Delivery）があげられる。その内，品質管理は企業の競争力を深層の次元で支える仕組みである。次項から，品質管理の具体的な内容について触れていく。

4.2 管理対象としての品質

品質不良の原因となる部品や寸法，使用機械などのバラつきを一定範囲内にとどめるために，製造プロセスにおいて**品質に影響を及ぼす要素を理解し**，さまざまな管理が求められる。

4.2.1 品質の5要素

製品の製造プロセスには主に5つの要素が関係し，これらは品質や生産性などの結果に大きく影響する。このような要素は「品質の5要素」または「5M」と呼ばれ，製造過程における品質管理の基準として扱われている。製品を製造する際の品質管理の要素として無視できない項目である。

表4-2　品質の5要素

出所：カイゼン，5Mとは？ をもとに筆者作成

① **人**（Men）：仕事に関わる従業員
製品製造に直接関わる設計者や作業者などの従業員，現場を指揮する監督者を含めた従業員を指す。
② **方法**（Method）：製造や設計の仕方や作業手順を指す。
基本的な製造手順のほか，設備管理，設備操作，安全管理を含め，製造に必要とされる作業や管理などすべての手順を指す。
③ **機械**（Machines）：製造に必要な道具や機械などの設備を指す。
製品を製造する直接的な製造機械に加え，製造機械をメンテナンスするための道具や部材を運んだり製造ラインを動かしたりする機械など間接的なものも含めた製造に関係するすべての設備を指す。
④ **材料**（Materials）：製品製造に必要な材料を指す。
製品製造に使う原材料や資材に加え，製造機械を動かす燃料（電気）や仕掛品など，製造に使うすべての材料を指す。
⑤ **計測**（Measurement）：測り方やその基準を指す。
製品の品質や不良品を発見する際の測定方法や基準。そのほか，製造に関連する材料や技量の測定，エラー検知といった計測方法を指す。
このように，製品の品質は多くの要因を組み合わせた結果として現れるものであり，生産工程における多様な要因によって影響される。

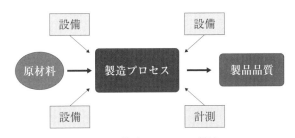

図4-4　生産システムの概念
出所：中央総合学院（2022）

ここで見過ごしてはならないのが，製品を製造する過程で生じるバラつきで

ある。上述した「品質の5要素」は，品質にバラつきを生じさせる要因でもある。品質にバラつきを生じさせる原因として以下のようなことが考えられる。

4.2.2 品質のバラつき

・機械が故障していたり，経年劣化などの不具合が起こったりしていると，注がれる液体の量が微妙に変わる，仕上がりの厚みが異なる，などのバラつきが起こる。

・材料の仕入先を変更したり使用する材料の種類を変更したりすると，それを加工する方法や加工機械の設定にも微妙な調整が必要になり，完成品にバラつきが起こる。

・作業者が不慣れな新人だったり，まだ経験が浅くスキル不足だったりすると，ちょっとしたミスや力加減の相違により，ベテランの作業者との違いが生まれる。

・マニュアルや手順書の整備不足，検査の方法に違いやブレがあったりする場合である。例えば，100g と表示する食品で，100.1g，102 g，97g などとバラつくことを指す。

　ここで，製造プロセスにおけるバラつきによって何が生じるのかについて考えてみる。バラつきは，市場で販売できる「適合品」か，販売できない「不適合品」かを判断する要素でもある。「不適合」とは，製品やプロセスが特定の規格，基準，顧客要求などに対応していない状態を指す。つまり，製品のバラつきは，製造した製品が顧客に受け入れられないくらいの深刻な欠陥を招く要因にもなり得る。

　次節では，設計から製造プロセスまで視野を広げ，品質の適正な基準と製品の不良について考えていく。

5. 品質の基準と不良
5.1 品質不良

世の中に出回っている製品のなかには，不良品といわれてしまう製品も存在

する。不良品とは,「企業が定めた品質基準や仕様を満たさない製品」と定義され,不良は次のように内部不良と外部不良に区別される。

① **内部不良**：製品の製造過程や出荷する前の工場検査(出荷前検査)で見つかる不良を指す。
② **外部不良**：工場検査(出荷前検査)では見つからないものの,製品が工場から出荷され,かつ市場に出回って一般消費者や企業が使用した際に見つかる不良を指す。

5.2 公　差

いうまでもなく,不良品は市場へ出してはならない。市場へ出荷された後に製品に不良が確認されると,企業の信頼を損ねるだけでなく,大きな損害をもたらす。そのために,検査によって不良品か適合品かの判断が行われる。生産工場では,まず「内部不良品か否か」を判断する。生産工場では,製品の設計段階でバラつきの許容範囲を定め,その範囲に収まれば良品,範囲を超えれば不良品と判断する。その判断基準は「公差」と呼ばれ,**製造者が消費者に対して約束した製品機能上,許容できる最大－最小の測定値の差**」を指す。

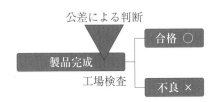

図4-5 製品不良の判定
出所：富野貴弘(2017)をもとに筆者作成

製造業者は,消費者が良品だと許容できる範囲を基準として公差を自主的に設定する。不良か否かの判断基準となる公差は,見方を変えれば企業にとって重要な基準ともいえる。したがって,公差は企業が培ってきた独自のノウハウ,科学的根拠,あるいは過去の経験に基づいて決められる。

図 4-6　許容範囲としての公差

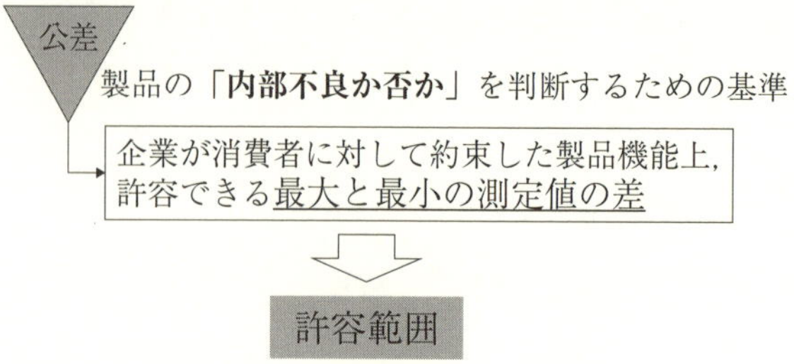

出所：図 4-5 と同一

6. 品質管理

　これまで説明したように，製造業には納品先や購入先である取引先，顧客が求める基準を満たし，不適合品を出さないための取り組みが求められる。したがって，製造品質の管理では前項で触れた「バラつき」を少なくする活動，即ち，顧客へ「提供する製品の質を一定に保つ」活動が要求される。このように，品質管理とは，顧客の満足を得られるように品質に影響する要因を把握し，可能な限りバラつきを公差の許容範囲内に収めるように管理する取り組みである。

　本項では，品質管理の基本的な考え方やその背景，そして実際の現場に反映される規定や使用されるツールについて詳しく触れていく。

6.1　QC と TQC

6.1.1　QC サークル活動

　戦前の日本企業では現在のような品質管理は行われておらず，日本製品は「安かろう悪かろう」の粗悪品ばかりであった（前山，2017）。一方で，戦後の日本企業では，「品質管理は現場の作業者を含めて全従業員で行うものである」という考えが根付いた。このような背景から，現場の従業員が継続的に製品・サービス・システム・仕事などの質の管理や改善を自主的に行う小グループの QC (Quality Control) サークル活動が進んだ。QC サークル活動は，1956 年頃から職場第一線の協力と参画が重要であるとの考えから盛んに行われ，従業員満足 (ES) や顧客満足 (CS) の向上にもつながっている。

6.1.2 TQC

QC の対象を設計部門，購買部門，営業部門，マーケティング部門など製造部門以外のシステム全体へ拡大し，体系化したもので，全社的品質管理と呼ぶ。つまり，QC の主な活動が製造現場に密接した取り組みであるのに対し，TQC（Total Quality Control）の活動は，製造現場以外の間接部門を含む企業全体の品質に対する取り組みが中心である。

6.2 品質管理の基本的な概念

品質を考えるうえで，①工程管理，②品質検証，③品質改善は重要な概念であり，深層の競争力を支える要因でもある。

① 工程管理

完成品に問題を与えてしまうような作業ミスを発生させない工程づくりと，以下のような計画生産数に必要な要素を管理することである。

・製品別に生産が完了する日時・時刻の予定

・各工程の順序，製品の加工や組立方法，そして完成予定数

・生産加工に必要とされる人員，設備，材料

② 品質検証

製品の製造工程は，複数の工程に分かれている。例えば，腕時計は第1工程で本体を組立て，第2工程でバンドを取り付けるという工程が組まれる。品質検証は，次の工程へ不良品が渡ってしまうのを防ぐために各工程で完成品を確認するプロセスである。

③ 品質改善

製造プロセスの各工程，あるいは完成品に対する検査では，部品や完成品に内部不良が確認されることもある。その際，不良が発生した原因を「品質の5要素」の視点に基づいて徹底的に分析し，再発防止のための措置を考える。不良の原因解明と再発防止策の実施によって製品の品質を一定に保つ活動が品質改善である。

6.3 管理サイクル

品質管理は,「監視・コントロール」のプロセスで実施される。管理がプロセスとして検討されたのは,ファヨールの管理過程論を起源としているからである。管理過程論では,予測⇒組織化⇒命令⇒調整⇒統制のプロセスで職務管理を行う必要性が示されている。管理過程論では,統制によって一連の管理プロセスが終了する。同理論によって現場活動の失敗や成功から得られる学習成果を用い,既存ルーチンの改善に重点を置く,という発想から管理サイクルと

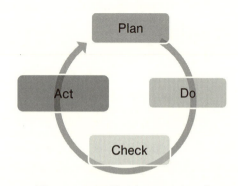

図 4-7　PDCA サイクルのイメージ
出所:図 4-4 と同一

表 4-3　PDCA の説明

P:Plan（計画） 目的と整合した改善計画	・目標を設定する。（項目と指標） ・現状を把握する。（目標と現実の差の有無） ・要因を解析する。（差が発生する要因） ・方策を立案する。（有効性を診断する）
D:Do（実行）	・計画に沿って方策の実行と是正をする。
C:Check（評価）	・目標に対して問題解決の達成度を検証する。
A:Act（処置）	・目標と実績の差を処置する。（フィードバック） ・成果の歯止めを実施する。（標準化）

出所:図 4-4 と同一

いう考え方に至った。管理サイクルとは，Plan ⇒ Do ⇒ Check ⇒ Action のプロセスによって問題や課題を解決するという一連の流れのことであり，品質管理にとどまらず経営管理全般に適用されている。

表4-3で示したように，PDCA サイクルは，生産現場の継続的な改善や品質向上を図るための，計画，実行，評価，処置，である。

PDCA サイクルを生産現場で活用するにあたり特に重要なのは，計画通りに実行できるか否かではなく，実行した結果を振り返り評価したうえで問題点があればそれを明確化し，改善を図ることである。

6.4　5 S

職場管理の要因としては，整理，整頓，清掃，清潔，しつけ（躾）がある。これらの要因によって，生産現場を常に清潔で整理された状態に保ち，品質不良につながる問題を浮き立たせ，問題の見える化を図る手段である。

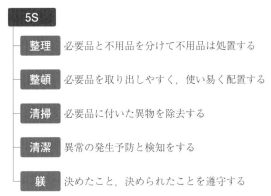

図 4-8　5S の一覧

出所：図 4-4 と同一

6.5　作業標準書

良い品質の製品を経済的（安く，速く，楽に）につくる行動を規定化したもので，作業条件，管理方法，使用材料，使用設備，諸注意などに関する基準で構成される（中央総合学院，2022）。

表 4-4　作業標準書の基本的な構成

・適用範囲（製品名，工程名）	・作業の時期，場所，環境
・作業，検査の目的	・作業の手順，方法，急所
・使用する材料，部品	・異常時の処理
・使用する設備，機器	・製品の品質特性，測定方法
・作業者に求める力量	・管理者に求める力量，職位
・安全，品質，生産性の水準を確保する上での諸注意	

出所：図4-4と同一

6.6　QCの7つ道具

　生産工場では，品質基準を達成しているか否かを検査し，未達成ならばその原因を調査し取り除く。この時に現場の従業員がだれでも理解し活用できる統計的かつ論理的ツールとして，チェックリスト，ヒストグラム，パレート図，特性要因図，レーダーチャート，散布図，管理図といったいわゆるQCの7つ道具と呼ばれる管理ツールが活用される。

6.6.1　特性要因図

　ある特性とその要因の関係を系統的に表した図で，問題の因果関係を整理し，原因を絞り込む際に役立つ。

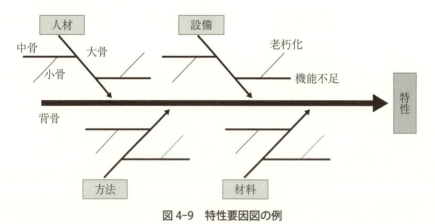

図 4-9　特性要因図の例

出所：図4-4と同一

6.6.2 パレート図

項目毎に棒グラフで度数の高い順に左から並べて，累積百分率を折れ線で表した図である。重要課題として取り組むべき品質改善の対象を把握する際に役立つ。

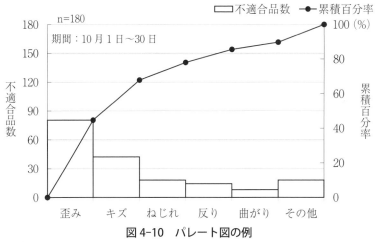

図 4-10　パレート図の例

出所：図 4-4 と同一

6.6.3 ヒストグラム

公差の上限と下限を軸に測定した長さなど度数の分布を棒状の面積で表した図であり，度数分布図とも呼ぶ。データの分布状況を視覚的に認識するための手法である。

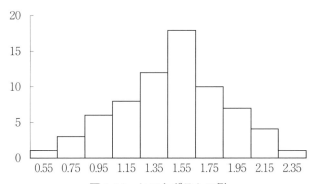

図 4-11　ヒストグラムの例

出所：図 4-4 と同一

6.6.4 チェックシート

不良が発生したタイミングを整理するための図である。これは，手間を掛けずに簡単かつ誰にでも整理しやすい手法として認識されている。

6.6.5 管理図

記録用チェックシート：実態調査が目的

	5/16	5/17	5/18	5/19	5/20	5/23	5/24	5/25	5/26	5/27
No.1	2.0	1.0	1.4	1.2	1.6	0.7	1.1	2.1	1.5	1.7
No.2	2.3	1.3	1.6	1.3	1.9	0.5	1.8	1.2	1.4	1.3
No.3	0.8	1.3	1.6	1.3	1.7	1.0	1.5	1.2	2.2	2.0
No.4	0.7	1.5	1.0	1.2	1.4	0.9	0.7	2.1	1.6	1.4
No.5	1.4	0.9	2.1	1.0	1.5	1.1	1.9	1.7	0.9	1.7
規格	規格下限＝0.2		規格上限＝2.6							
判定	合格	合格	合格	合格	合格	合格	合格	合格	合格	合格

図4-12　チェックシートの例

出所：図4-4と同一

寸法などの特定項目が管理値内に収まっているかを示した図である。これは，データから得た中心線（CL）と上側管理限界（UCL），下側管理限界線（LCL）からの偏りを見てリスクの可能性を検知するための手法である。

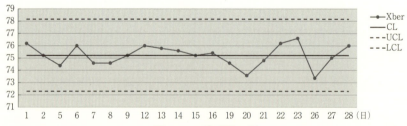

図4-13　管理図の例

出所：図4-4と同一

6.6.6 散布図

例えば，プレス圧力と強度といった2つの関係するデータをX軸とY軸上にとり，データを打点し，相互の相関の強弱を見る機能を持つ手法である。これは，作業条件出しの段階で用いると特に有効といわれている。

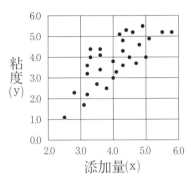

図 4-14　散布図の例
出所：図 4-4 と同一

6.6.7 層　　別

データの共通点や特徴，クセなどに着目して，作業者別，加工機械別，時間別などのグループ（層）に母集団を分けて考察する手法である。これは，不良発生原因を探るのに適している。

【層別の事例】
(1) 時間別：時刻，日にち，午前／午後，昼夜，曜日，週，季節
(2) 作業者別：個人，年齢，習熟度，男女，班，直
(3) 設備別：機種，号機，型式，精度，新旧，ライン，工場
(4) 材料別：製造元，仕入先，産地，銘柄，ロット，保管期間
(5) 環境別：気温，湿度，天候，季節，照明（照度）

図 4-15　層別の例
出所：図 4-4 と同一

7. 予防と対処にかかるコスト

既述したように，製造過程で生じるバラつきや内部不良を抑制したり，ツールを使ってバラつきや不良の原因を特定したりする活動を繰り返すことによって製造品質は安定していく。それと同時に，製造過程での検査や予防，そして不良に掛かる次のようなコスト面も考慮する必要がある。

7.1 不良に掛かるコスト

① **予防コスト**：品質上の欠陥の発生を早い段階で防止するために支出される費用

② **評価コスト**：製品ないし部品の品質を評価することによって品質レベルを維持するために支出される費用

③ **内部失敗コスト**：製品の出荷以前に欠陥や品質不良が確認された場合の処理や対応に掛かる費用

④ **外部失敗コスト**：製品出荷後に市場で欠陥や品質不良が確認された場合の処理や対応に掛かる費用

内部失敗コストと外部失敗コストは，「コスト」と称されているものの，利益に貢献しない損失である。次に，製品に欠陥や不良が確認された場合に焦点を絞り，商取引の観点を交えた具体的な事例に沿って製造業が負うコストとリスクについて考えていく。

7.1.1 自動車のリコールの例　B to C

特定の工場から出荷された自動車が市場に出回って一般消費者が使用した後に不良や欠陥が見つかった場合，リコールに伴うコストが発生する。リコールコストには主に，回収・無償修理コスト，代替交通手段コスト，調査委託コスト，訴訟関連コスト，制裁金などが挙げられる（伊藤，2013）。

① **回収・無償修理コスト**：リコール車を回収し，部品交換等の無償修理することに伴い発生するコスト

② **代替交通手段コスト**：リコールに伴い顧客が代替交通手段にかけた支出を，

第4章　大量生産における品質管理　93

企業が負担する場合に発生するコスト

③ **調査委託コスト**：リコール対象車の安全性の実証検査を外部の調査機関
　　　　　　　　　　に委託し，安全性を証明するのに伴い発生するコスト

④ **訴訟関連コスト**：リコールに関連した訴訟・裁判費用および裁判の判決
　　　　　　　　　　等に従って支払う損害賠償費用

⑤ **信頼回復コスト**：リコールに伴い直接的に発生しうるリコールコストと
　　　　　　　　　　は異なり，リコールにより失墜した企業の信頼を回復し，
　　　　　　　　　　イメージを回復させるために必要な裁量的なコスト。
　　　　　　　　　　自動車メーカーの安全性に対する不信・不安を取り除き，
　　　　　　　　　　収益拡大を意図して支出される。

7.1.2　産業機械の例　B to B

　内部・外部をとわず，不良発生に伴うリスクは企業が取引を行う際の契約に
よって大きく影響される。ここでは，産業機械メーカー A 社と，A 社の機械
を使ってソーラーパネル製品を生産し最終消費者へ供給するソーラーパネルメー
カー B 社のケースに基づき，不良発生時に A 社が負うコストについて考える。

前　　提

・ソーラーパネルメーカーの B 社がソーラーパネルを製造するには，A 社
　の設備が必要である。

・ソーラーパネルを製造する B 社では，2024 年 9 月 30 日までに自社生産工
　場で製品を 100 台完成させ出荷する計画が持ち上がった。製品 100 台の生
　産には 3 カ月のリードタイムを要する。

・B 社は遅くとも 7 月 1 日から生産を開始する必要があり，A 社との間に，
　6 月 30 日までに生産用機械を B 社工場へ納める契約を結んだ。

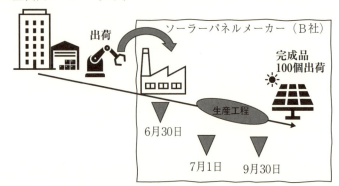

図4-16 ケースのイメージ

・両社の契約条件には，以下の項目が設定されている。
① **遅延の項目**：契約日から納品が1日遅れるごとに，契約金額の10%を遅延損害金としてA社はB社へ支払う義務が明記されている。
② **直接損害や間接損害の項目**：例えば，B社が生産工程で使用するA社の機器に欠陥が確認された場合，製品は設計通りの品質は確保できず，またB社の生産工場にある他の設備や機器が壊れる場合も想定される。その場合，B社はA社に損害賠償額を請求できる権利が明記されている。

不良ケース1

内部不良が確認された場合：出荷前検査で不良が確認され，A社工場から機器の出荷が遅れる場合である。

A社の製造工場で，製造過程や工場検査（出荷前検査）において，6月20日に不良が確認された。その場合，契約納期の6月30日に間に合うように，不良個所を補正したり再度製造を行ったりしてリカバリーを図ることができれば問題は無い。しかし，それでも間に合わない場合，A社には契約条件に基づき次のような対応が求められる。

・6月30日を1日過ぎる毎に契約金額の10%の額を支払う義務。

これ以外に，B社は7月1日から生産を開始するために部品を準備するが，場合によっては作業員を確保することもある。もし，6月30日にA社の製品が納品できなかった場合，7月1日に手配していた作業員は何も仕事が与えられないばかりか，B社には人件費が生じ大きな損害を被ることになる。

不良ケース2
外部不良が確認された場合：納品後に不良が確認される場合である。

A社製品は，B社の希望納期内に納品されたものの，B社生産工場で使用中に製品不良による故障が発生し，さらにB社工場の関連設備などに損害が生じ生産がストップした。

その場合，A社には契約条件に基づき次のような対応が求められる。

・B社工場設備の補償
・B社工場の生産がストップした後の作業員費用の補償
・B社が予定通り完成品を出荷できなくなることによって生じる損害の補償

これらをすべてA社が補償する事態になると，その費用は甚大な損失となる。それどころか，A社の生産技術に対する社会的信頼は失われ，倒産する事態になる場合も考えられる。

不良ケース1，2からもわかるように，製品の製造過程で欠陥や不良の発生を防ぐ努力を怠れば，企業のイメージや信頼を失うだけでなく，経営の屋台骨を揺るがしかねない事態を招く恐れもある。

一般消費者から企業にわたって安全意識が高まっている現在の製造業には，製品の不具合や事故の防止は当然ながら，それらが発生した場合にも迅速で適切な対応が求められる。

まとめ

「品質」の持つ意味は多面的であるが，製造業にとって他社との差別化や競争力を生み出す源であると同時に，管理次第では大きなリスク要因となり得る。先ず，製造業の競争力には顧客が差別化できる品質の追求が不可欠である。競争力としての品質を実現するには，顧客ニーズが製品設計に反映され，かつ，ブレのない品質の向上が求められる。その一方で，品質不良が生じると，製造業者は多大な費用を負担したり社会的な信頼を失ったりすることもあり得る。そのために製造業は，安定した品質レベルでの製品づくりが求められ，ミスを発生させない工程管理や改善のための諸活動を適切に実行する必要がある。

参考文献

伊藤進 (2013)「リコール問題大型化と利益への影響：米国トヨタ自動車の 2009 年 11 月～2010 年 2 月に至る大量リコールに焦点をあてて」『京都マネジメント・レビュー』京都産業大学マネジメント研究会，22：1-17.

狩野紀昭・瀬楽信彦・高橋文夫・辻新一 (1984)「魅力的品質と当り前品質」『品質』日本品質管理学会，14(2)：39-48.

北村充・中本和宏・小野健太・渡邉誠 (2013)「グッドデザイン賞におけるユーザインタフェースデザイン評価方法についての検討」『デザイン学研究』日本デザイン学会，60(4)：97-104.

経済産業省 (1996)『平成 8 年　工業統計速報』

高松朋史・具承桓 (2009)『コア・テキスト経営管理』新世社

中央総合学院 (2022)『教育プログラム開発チーム　生産システム革新マネージャー育成講座生産システム基礎―プログラム 4』厚生労働省／教育訓練プログラム開発事業

張真 (2012)「魅力的品質・当り前品質を考慮した知覚品質と購買態度との関係に関するモデルの提案」大学院研究年報理工学研究科編『中央大学大学院年報』中央大学理工学部事務室，42：1-4.

橋本幸博・松土光男 (2018)「オフィス空間における視覚的品質の評価に関する研究　学生を被験者とした評価グリッド法による視覚的品質の評価」『技能科学研究』職業能力開発総合大学校，34：110-120.

藤本隆宏 (2001)『生産マネジメント入門 I』日本経済新聞出版社

前山一登 (2017)「設計業務を例とした品質及びリスクマネジメントシステムの組織的取組による経営リスクの低減と競争優位」『商大ビジネスレビュー』兵庫県立大学，7(1)：153-187.

Web 参考資料

「カイゼン．5M とは？製造現場の管理に必要な 5 つの要素『5M』」
http://www.kaizen-navi.biz（2025 年 1 月 31 日閲覧）

第5章
トヨタ生産方式

学習目標

1 トヨタ生産方式を支える二本柱について明らかにする。
2 トヨタ生産方式と米国企業の生産方式の比較を行う。
3 トヨタ生産方式の限界点について明らかにする。

　1990年代に市場占有率の面において強力な存在感を示していた日本企業の多くは，2000年代以後業績回復の兆しは見られない。このような状況の中で，製造業者として脚光を浴びている企業の一つにトヨタ自動車がある。同企業は，2000年代以後も自動車業界では販売台数においてフォルクスワーゲンと首位を争っている。

　一方，第1章でも取り上げたように近年トヨタ自動車における競争力の一つとして生産方式について取り上げ，世界的に注目されていたのがウォマックら（Womack, J.P. and Roos, D. and Jones, D., 1990）の業績である。彼らはMIT研究グループのメンバーであるが，彼らが出版した書物『リーン生産方式が，世界の自動車産業を変える』は注目に値する。同書では「リーン（lean）生産方式」という表現を使うが，文字通りの意味は「贅肉をとった」「無駄をなくした」という意味が含まれている。彼らはトヨタとGMの合弁事業で設立されたNUMMI（New United Motor Manufacturing, Inc.）工場での長年の調査結果を基にトヨタの生産方式の実態について明らかにした。日本のものづくり哲学分野で著名な藤本（1995）は，トヨタ生産方式に対する評価を以下のように語っている。すなわち，それは比較的長期にわたって進化された産物であり，しか

も事前に緻密に計画して作ったものの完成品ではなく，持続的な合理性を追求する中で事後的な結果として生まれたものであると主張している。実際に，トヨタ生産方式は，トヨタ初期に当たる経営者の豊田喜一郎，豊田章一郎などと，現場で活躍した大野耐一によって30年以上の試行錯誤を重ねて完成したものであるという。同生産方式は，日本の製造業での普及とともに製造業の分野だけでなく，サービス業などにも優れたシステムとしてその手法が導入され，実に幅広く応用されているのが現状である。しかし，このように優れたと評価されているトヨタ生産方式は，米国のフォード方式やスローン方式のように長期間にかけて完成されたものではなく，30年から40年という比較的に短期間で完成されたものである。

　本章では，日本企業の製造業の競争力のツールとして長年世界的に注目されているトヨタ生産方式の意義，米国企業との比較，残された今後の課題について検討する。

1．トヨタ生産方式の意義

　米国では実際に1980年代まで国内で生成された思想や発想でないと認めようとしない風潮があったといわれている。しかし，1980年代の激しい景気変動を経験した後，その反省点として当時米国市場を席巻していた日独企業の強さの秘訣を探ろうとする動向があった。

　当時米国では1960年代後半から産業の空洞化が進み，優秀な若年層に脱工業化社会の幻想が浸透したという。このような背景は，結果的に当時の製造業への人材不足へとつながったという。その後，1980年代後半から1990年代にかけて米国製造業の復活の様相が見られるが，その主要な要因について以下の4つに集約している。

　　① 日本的経営の長所を徹底的に取り入れたこと，②ドル安の進行，③米国産業の底力と言える基礎研究層の厚さ，④国際競争力維持戦略として従来までの維持してきた保護種的な戦略から積極的な海外市場の開拓

その産業空洞化の影響は，実際に1980年代では日本の豊田市に該当するデトロイト市では米国の自動車メーカーで働いていた多くの従業員の高い失業率をもたらし，社会問題まで発展するような深刻さを見せていた。もちろん，日本とは異なり，米国では現在に至るまでに企業の経営が悪化するとシニオリティ・システム（seniority system）によって先任者優先性の原則により，勤務期間が長い順で雇用が守られている。要するに，業績悪化などの理由で従業員の解雇が容易に行われているのが日本との大きな相違点であることがわかる。米国では「価値ベース戦略」（value based strategy）に基づいて経営を行う経営者たちが大半であった。株主価値を優先するあまりに株価維持のために，不採算部門を切り離すなどの方針が打ち出されている。ここでいう株主価値とは企業価値から負債を引いたものをいい，米国では現在も主に株価や配当額の維持や上昇を他のステークホルダーの利益より優先的に考慮する基準として考えられている。

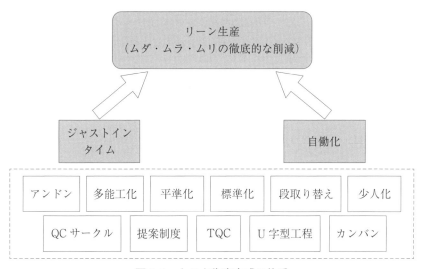

図5-1　トヨタ生産方式の体系

図5-1が示しているように，トヨタ生産方式の根幹をなす二本柱として多く取り上げられているのが，ジャストインタイムと自働化である。これらの2つ

102

の柱をさらに支えるものに，アンドン・多能工化・平準化・標準化・段取り替え・少人化・QCサークル・提案制度・TQC（全社的品質管理）・U字型工程・カンバンなどがある（図5-1を参照）。これらのものは実に30年以上の年月をかけてトヨタ内で試行錯誤を行った結果であろう。現場レベルでトヨタ生産方式を構築するのに立役者として知られている人物に大野耐一がいる。彼によれば，現場にいるすべての従業員が協力的ではなく，完成度の高い生産方式を構築するために日常的かつ継続的に行われているこれらの試行錯誤に不満を募る

表 5-1　ジャストインタイムを支える諸要因

項　　目	着手時期	内　　容
平準化	1950年代後半	ジャストインタイムを支える主軸であり，生産の変動を最小限に抑えることを主な目的としている。
標準化	1940年代末から1950年代	各々の作業の内容と順序を明確にすること。これによって，品質の安定と作業の効率化が実現可能になった。
カンバン	1950年代後半から1960年代	引き取り生産を可能にしたものであり，「必要なもの，量，時間」を表示した生産の指示票のこと。これによって，作業現場でチーム全体と個人の作業をシンクロナイズドすることが可能になった。
小ロット生産	1940年代後半から1950年代	ロットのサイズを小さくすること。これによって，無駄な生産を最小限に抑制したり，顧客の需要へ迅速に対応したりすることが可能になった。
多能工化	1950年代から1960年代	作業員が複数の作業を可能にすること。これによってラインの柔軟性と生産効率の向上が可能になった。
アンドン	1950年代後半から1960年代	製造ラインで異常が発生した際に識別できるシステムのこと。これによって，ラインの停止や品質の問題を迅速に解決できるようになった。
提案制度	1951年から	作業員全員が改善活動に参加し，各々の考えを提案する活動のこと。これによって，作業現場での継続的な改善活動が可能になった。
QCサークル	1960年代初頭	現場の作業員による自主的な品質改善活動のこと。これによって，小集団による自由な改善提案が可能になった。

段取り替え時間の短縮	1950年代後半から1960年代	多品種少量生産に備えて，ラインに投入する製品の種類を変える際に必要とされるライン作業の調整時間を短縮すること。これによって，多様な製品を少量だけ生産すること以外に，作業時間の短縮が可能になった。
小人化	1960年代から1970年代	生産量の変動により，生産性を低減することなく，数人でもできるラインをつくること。これによって，生産ラインの作業員数を柔軟に調整でき，需要に応じて作業の最適化を図ることが可能になった。
U字型工程	1950年代から1960年代	効率利用するためにU字の形にした生産ラインのこと。これによって，作業者の効率的な動き，多能工化の促進，品質管理などが可能になった。

従業員も多くいたといわれていた。

　前者のジャストインタイム (just in time) は，トヨタ自動車工業の2代目の社長である豊田喜一郎が米国のスーパーマーケットを観察した際にそこの棚の陳列方法からヒントを得て考案されたものとして知られている。ここでジャストインタイムの概念をジャストオンタイム (just on time) と比較するとその適用する概念がよりいっそう明らかにされるであろう。例えば，友人と12時に会う約束をした場合，定刻の12時に現れるとジャストオンタイムに当たる。これに対し，ジャストインタイムは約束時間に間に合えるように30分ほど前に約束した場所に到着する場合に該当する。米国のスーパーマーケットを視察した際にものづくりに対する基本的なヒントを得たといわれている。スーパーマーケットの陳列台に見られる棚の空状況を見て補充すべき製品の種類・量・時間を的確に把握することができたという。これはトヨタ生産方式を支える根本的な考え方として「必要なものを，必要な時に，必要な量だけ生産・運搬する仕組みや考え方」のことをいう。

　ムダ・ムラ・ムリを生み出さない生産システムを徹底する原則として利用されていると評価されている。

　特に，注目に値するものにカンバンがあるが，これは「かんばん」「看板」などの表現が混用されているのが現状である。このカンバンという用語はアップル社

の創始者として知られているスティーブ・ジョブスの伝記にも登場するほど注目されている。いずれにしても，トヨタ生産方式の要の一つとなっているカンバンは一般向けのビジネス書にもよく登場するものとして注目されてきている。

後者の自働化は，自動化（automation）を志向する米国の生産方式と対比される概念としてしばしば「ニンベンの付いた自働化」と区分する研究者もいる。これは質の高い製品づくりのために，工程内で発生した異常を作業者が探知した際に自らそれらの問題を解決する仕組みのことをいう。そのために，工程内での異常を他の作業員に知らせる「アンドン」など「目で見える管理方法」が利用されている。この自働化は，本来豊田佐吉によって発明された動力自動織機の糸切れ自動停止装置の考え方を第二次世界大戦後に大野が自動車の生産現場に応用したとして知られている（小川，1994）。

しかし，製糸の加工工程と自動車生産工程は根本的に技術の熟練度の面において比較にならないくらい格差があった。このような相違点は，製糸機械において多台持ちを可能にしたのに対し，より複雑で高度な技術の錬磨が必要な自動車部品の加工プロセスにおいては多能工を育成するためには新たな熟練過程を設ける必要があったという。当時旋盤工，フライス工，研磨工といった特殊工程の専門技術に対する技術者の誇りは非常に高かったといえる。したがって，それらの作業者の多工程持ちを実現可能にするためには，専門によって厳格に分化していた壁を破らなければならない独断の措置が必要であったという。

さらに，小川（1994）によれば，トヨタ生産方式の始まりは昭和30年代（1955年代）であり，完成度の高いと評価されるシステムの構築が見られたのは昭和50年代（1976年から1985年）であるという。もちろん，システム構築のために数多くの試行錯誤があったのはいうまでもない。

2. 米国の生産システム

ここでは米国の生産システムとトヨタのものの比較を行う。基本的にプッシュ方式（押し出し方式）をとっているのが米国の企業であるのに対し，プル方式（引っ張り方式）を採用しているのがトヨタである。前者のプッシュ方式は，予

め予測した需要予測に基づいて生産計画を立てる。その生産計画に基づき，部品を提供する前工程から，部品を消費する後工程へと製品を生産する生産方式がこのプッシュ方式である。同方式の最も重要な特徴は各々の工程で発生しうる変化を考慮せずに当初の生産計画通りに生産を進める点にある。当然ながら，後工程や市場で急激に生成された変化に対応できないなどの問題が発生する可能性が大である。これらの問題は結果的に過剰な部品の在庫を抱えてしまう危険性があるため，工程内や市場での変化を常にモニタリングするなどの工夫の必要性が生じる。

これに対し，プル方式は，後工程の作業者の方から前工程の作業者に原材料の調達，作業開始，作業準備の指示などを行う方式のことをいう。したがって，前工程の作業者は後工程の作業者からの生産指示がない限り，作業停止のままで長時間待機する状態でいなければならない。

米国の生産方式は，産業革命が始まった英国などのヨーロッパ諸国で生まれたものを米国現地の実情に合わせて発展させたものとして知られている。先述したように，トヨタ生産方式の立役者として知られている人物に経営者の豊田章一郎と大野耐一がいる。特に大野は長年生産現場を離れず，完成度の高い独自の生産方式を構築するために私たちの想像を絶する試行錯誤の実験を行ったという。大野はトヨタの生産方式を築き上げる初期段階では先進的な生産方式をすでに構築していたフォード式の生産方式について以下のように語っている（大野，1978）。

「自動車の生産方式を確立したのは，ヘンリー・フォード一世（一八六三〜一九四七年）である。自動車の製造方法は厳密に自動車企業の数だけ，いや工場の数だけあるといってよいだろう。それだけつくり方にも企業経営者の哲学，工場責任者の個性がにじみ出てくるものである。とはいうものの，近代工業における自動車生産の基本はフォード自らが実践してみせてくれた大量生産方式である。」

19世紀半ばにイギリス視察団によって「米国式製造システム」として名付けられた米国の生産方式は，基本的に「専用工作機械」と「互換性部品」を主

軸に成り立っているという（藤本，2001）。前者の専用工作機械は，特定の部品を制作するために設計・製造された工作機械のことをいう。この専用工作機械にある重要な条件は，互換性のある部品をいかに作るかにある。もし，ある特定の部品に互換性がないならば，機械を利用する側は故障が発生した際に大きな困難に陥る。すなわち，その機械の部品を特注して自力で修理を行うか，その機械の使用を諦めるかしか選択肢はなくなるであろう。いずれにしても部品の互換性がない機械が故障した場合は，当時手間暇がかかることになっていた。この部品互換性を確保することによって，各々の製造業者は毎回新たにシステムを構築する必要もなく，既存の設計や部品の再利用が可能な体制が整うことになったという。

　一方，これらの初期の米国式製造システムが抱えていいた課題を克服して登場した大量生産（mass production）システムでは，「専用工作機械」と「部品互換性」という主軸に加え，同一形態の製品や部品を大量に繰り返して生産を可能にする体制が整うことになった。これらのシステムを新たに構築することによって製造コストの大幅な削減ができるようになった。特にフォード自動車は互換性部品の製造によってコストダウンした自動車を世に送り出すことになった。同社はこれらの独自性を有し膨大な利益を手にした。しかし，その後，米国市場で自動車メーカーは消費者側の所得増加というマーケットの変動要因へ柔軟に対応しなければならないという課題に直面した。フレキシブルなマス・プロダクションシステムを実現したGMは，1926年に従来までトップの座を維持してきたフォードからマーケットシェアが奪うことになった。このフレキシブルなマスプロダクションは，さらに「製品による部品互換性」と「設計による部品互換性」によって実現された。特に後者の場合は，ある特定の専用の部品を設計しているか，あるいは他の部品で使用されている部品を共通のものとして設計するかによってより洗練されたシステムを構築することができる。

3. トヨタ生産方式の海外への移転

　トヨタの工場内で培われたメカニズムは，取引関連企業にも移転され，それ

らの関連企業をも含んだ継続的な改善が行われた（小川，1994）。この斬新的な改善メカニズムは最初製造現場の品質管理システムから始まり，工程や部品の設計技術の移転にも活かされ，徐々にものづくりの関連企業につながる結果となる。このような動向は，当初は国内企業同士間で行われるが，海外進出をきっかけにさらに海外の工場にも拡大されることになる。海外進出の初期段階では本社から派遣された人材によってシステムを定着させるための一定期間まで海外の工場がサポートを受けることになる。

その後，徐々に経営や管理の現地化が進められるにつれ，経営資源の現地化が行わることになる。もちろん，トヨタ生産方式は，管理手法や改善活動のメカニズムが資材・部品メーカーにも適用され，トヨタの工程内で作動するのと同様な形態に運用されることが目指されていた。これらはトヨタをめぐる企業間のネットワークシステムとなり，トヨタの生産システムの強さの源泉として評価されている。

先述したように，トヨタ生産方式の海外移転を最初に経験したのは，現地での生産管理システムの構築と工場内で使用する機械設備を海外の工場に現地化した段階であった。実際に，これらの現地化に成功したのが米国の NUMMI 社と TMM 社（Toyota Motor Manufacturing Canada, Inc.）であった。前者の NUMMI 社はトヨタとＧＭが合弁事業として 1984 年度に設立したのに対し，後者のＴMM社（Toyota Motor Manufacturing U.S.A., 現 TMMK）は米国とカナダの現地法人として 1986 年に設立した。

小川（1994）によれば，両社の立ち上げ時には使用経験のある設備を多く採用したという。これらの施策によって現地で発生しうる予測できないトラブルへの対応が可能になった。機械設備は日本での使用経験のあるもののみを持ち込み，米国現地で発生したトラブルへの対応は現地の従業員に担当させたという。その次のステップとして現地の生産エンジニアが浮き彫りになった問題を自ら改善したり，更新設備を現地から調達したり，社内での開発体制の強化を目指したりしたという。そして日本からの移転の最終目標は現地でのデザイン開発の強化を図り，現地市場に適合した開発体制づくりを構築することである

という。

　しかし，真のトヨタ生産方式の海外への移転を成功させるためには，生産システムそのもの以外に，乗り越えなければならない障壁として政治的要因や経済的要因など実にさまざまな課題が山積しているという。前者の政治的要因は，米国の対日貿易赤字への対応措置などに代表されるものである。完成車の自主規制台数の低減や現地サプライヤーからの自主的な部品調達率の向上などは目の当たりに直面していた政治的な不安要因を乗り越える突破口としての施策であった。後者の経済的要因には，円高に伴う為替差損の発生とその結果で生じた日本車の販売価格の上昇などがある。これらの要因は結果的に米国現地のサプライヤーからの調達を余儀なくされるようになった。さらに，現地のサプライヤーへの技術的な支援体制を構築しなければならないことはいうまでもない。

　藤本（2003）によれば，日本の自動車メーカーの海外生産の時期を1960年から1980年代までの初期段階と，2000年代以後のグローバル生産期に区分できるという。初期の段階では，主に輸入代替政策を迂回するために海外現地生産が行われたが，製造能力，生産規模，材料の入手可能性，技術などの面においてさまざまな制約条件が多かったという。急激な生産拡大を経験したグローバル生産期には本格的な海外移転が行われた時期として知られている。

　トヨタの海外生産は以下の3つの時期に区分できる（徐，2021）。①1959年から1983年までの「KD（knock down）期」，②1984年から2002年までの「マザー工場期」，そして③2003年以後の「グローバル生産期」である。

　まず，①の時期は，開発途上国を対象にし，KD（ノックダウン）生産を展開した時期として知られている。ここでいうKD生産とは，自動車業界でしばしば行われる生産方式の一つであり，主に主要な部品を現地に輸出し，輸出した部品を進出先で組立・販売する手法のことをいう。この手法は，完成品で輸出する際に発生しうる輸送コストの増加や荷傷みなどを防止する目的で行われる。KD生産のメリットには，完成品と部品で輸出した場合の関税の格差，進出国での安価な労働力の利用，進出国の労働力を利用することによる進出国政府との友好な関係構築などがある。

第5章　トヨタ生産方式　　109

　表5-2が示しているように，KD生産の時期はKD輸出が増加した時期であるが，進出した国について時期を時系列的に並べると以下のようである。要するに，フィリピン（1961年），南アフリカ共和国（1962年），オーストラリア・ベネズエラ（1963年），タイ・コスタリカ（1964年），ニュージーランド・韓国（1966年），ペルー（1967年），マレーシア・ポルトガルであった。その後の1970年代にもパキスタン（1970年），トリニタード・トバゴ（1971年），アイルランド（1973年），インドネシア・ケニア（1974年）などの国への進出が継続していた（上山，2003）。

表 5-2　トヨタのマザー工場と海外工場

マザー工場	元町工場	高岡工場	堤工場	田原工場
海外工場	ロシア インドネシア フィリピン タイ マレーシア 台湾 ベトナム インド パキスタン オーストラリア	NUMMI カナダ フランス チェコ 四川 天津	ケンタッキー イギリス トルコ 広州	インディアナ ブラジル ベネズエラ アルゼンチン 南アフリカ

出所：トヨタ自動車ホームページ，徐（2021），134ページより再引用

　②の時期には，トヨタが本格的に海外移転を行ったと評価される時期である。同時期はものづくり先進国として知られている米国のNUMMI工場とTMM工場で生産を開始したことに大きな意義を有する。その後，ヨーロッパ地域，中南米地域，アジア地域，中国などに次々と海外地域で生産が行われた。この時期に日本国内の工場が各々の海外の工場を支援する体制の「マザー工場」制度が登場するが，これをきっかけにグローバルな生産体制が整ったといえよう。このマザー工場が海外の工場に対して行った主な機能には，生産立ち上げ時の準備，モデル切り替え，技能育成，改善，問題解決などがある。具体的に海外

工場への支援は海外工場で従事している労働者や管理者を各々のマザー工場に派遣者として受け入れ，研修を行う形をとっている。このような形でトヨタでは知識の移転が可能になったという。

②の時期の特筆すべき内容は，GPC（Global Production Center）の設立であろう。

このようなグローバルな生産は 2000 年代以後，毎年 50 万台の規模で拡大する政策をとっている。[1]

現在，トヨタ自動車の生産拠点は，日本国内生産拠点に 16 ヵ所があり，海外生産拠点に 50 ヵ所（北米 11 ヵ所，中南米 4 ヵ所，欧州 8 ヵ所，アフリカ 3 ヵ所，アジア 14 ヵ所，中国 9 ヵ所，オセアニア 1 ヵ所）があることが明らかにされている。さらに，2003 年 7 月には元町工場内にグローバル生産推進センターが開設され，海外の生産拠点の急拡大に備えた体制が整っているという。同センターの主な設立目的はいうまでもなく海外生産拠点の自立化の実現であり，生産現場や監督を担う人材の育成が具体的な目標である。

一方，和田（2013）によれば，他の競合他社に比べてトヨタの海外移転が遅れた理由について，当初の海外ではサプライチェーン全体を効率的に運用するための経営環境が整っていなかったと主張している。すなわち，これはジャストインタイムや自働化などトヨタの主軸となっている生産システムを海外でも着実に再現するための時間的な準備が必要だったことに他ならない。これは，海外移転の最初の段階においてトヨタとその系列会社のサプライヤーが進出国での生産システムの体制づくりに同時に参加していることからもわかる。

4. トヨタ生産方式の課題

仕掛品の在庫を半日分までに極限に落とすトヨタ生産方式にも厳然たる限界は存在している。特に，自然災害が多い日本では道路網などの流通網が寸断されたりすると，小さい倉庫を維持することを前提にしているトヨタは在庫不足という大きな被害を受けることになる。要するに，ジャストインタイムを標榜し，ムラ・ムダ・ムリをせずに部品の在庫の最小限の数を維持したり，余分を

持たなかったりする効率化の発想は時には企業経営を圧迫する結果をもたらす。したがって，トヨタ生産方式の維持や成功のための条件は，サプライチェーンを断ち切る突発的なリスクがないことや，生産変動に合わせて生産要素を自在に調整できるという前提があってはじめて十分に機能するものであるという。例えば，2009年7月に発生した新潟県の中越沖地震で被災を受けた（株）リケン工場の事例がある。同工場で発生した地震は，ピストンリングで全国の半分程度の自動車メーカーに操業停止という甚大な影響を及ぼした。

このような事態の発生に備えて必要不可欠なものに「事業継続計画（BCP：business continuity plan）」や「事業継続と復旧計画（Business Continuity & Resiliency Planning, BCRP）」とも呼ばれる計画の制度が注目を浴びている。これはしばしば単に人命の救助だけに中心が置かれている防災対策と対比される[2]。

ここでは資源環境概念モデルを紹介する。まず，同モデルを理解するためには，環境の内部化という概念について理解する必要がある。本来，地球環境問題については，環境の内部化と外部化からのアプローチが必要であるという（鷲田，1999；山下，2017）。この地球環境問題を，社会経済システムから環境問題へのアプローチの相違として位置づけているという。すなわち，環境問題が社会経済システムの外部にあると認識した場合を「環境の外部化」としているのに対し，環境の経済的機能・文化的機能を社会経済システムの内部に取り込むことを「環境の内部化」として認識されている。

図5-2が示しているように，私たちの住んでいる地球が基本的に「自然空間」と「社会空間」として構成されていることを大前提にしている。資源環境概念モデルでは，原則的に，①資源領域から生産者によって資源が摂取される「生産領域」，②生産領域から消費者に販売される「消費領域」，③消費者によって排出物が発生する「排出物領域」，そして④排出物領域から浄化が行われる「資源領域」が存在する。この①から④までのプロセスは繰り返して実行される連続性を有していることを前提にしている。

ここで上述した環境の内部化と環境の外部化が見られる。鄭・山下（2014）は，自然空間から社会空間への資源の摂取が行われる過程を「環境の内部化」とい

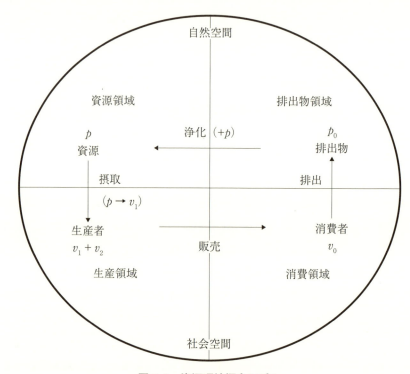

図 5-2　資源環境概念モデル
出所：大野・葛山・山下（1992）

い，社会空間から自然空間への排出の過程を「環境の外部化」と主張している。

　実際に，3.11 東日本大震災の発生後，「生産調整が自社に与えた影響（三菱 UFJ リサーチ＆コンサルティングの 2012 年 3 月の調査）」「自社のサプライチェーンの影響確認にかかった日（経済産業省の 2011 年 4 月の調査）」「調達が困難な理由（経済産業省の 2011 年 4 月の調査）」に関する調査の結果によれば，それぞれ大企業より中小企業の影響が大きい点，大体 1 週間から 2 週間の間にサプライチェーンの影響確認ができた点，そして調達企業先の被災の影響が主な原因であったことが明らかにされている。

　これらの調査の結果は，当時日本の自動車メーカーに納入していた韓国の自動車部品メーカーへの影響を調べることからも明らかになる。韓国の現代自動

車への部品納入の割合が非常に高いと知られている万都（株）という部品メーカーの影響についてインタビュー調査を行った結果によれば，日産自動車の九州工場へ納品する部品（サスペンション）が東北地方での災害の発生によって一緒に部品の納品が2カ月間停止するなどの被害が発生したという。

　このように震災からの迅速な復帰を経営の面から目指すものとして注目を集めているのが「事業継続計画（BCP：business continuity plan）」であるが，日本では内閣府に設置された中央防災会議が2005年8月1日に「事業継続ガイドライン」を公表してBCPの策定を促すなどの動向も見られる。これらのリスクマネジメントについて第7章を参照されたい。

まとめ

　第1に，トヨタ生産方式は，ジャストインタイムと自働化という二本柱によって支えられている。このトヨタ生産方式は，本格的には1940年代から始まり，30年以上かけて完成されたといわれている。

　第2に，米国の企業がプッシュ方式を採用しているのに対し，日本のトヨタの生産方式はプル方式である。前者が需要予測により構築された生産計画に基づき，部品を提供する前工程から部品を消費する後工程へと製品を生産する。これに対し，後者は後工程の作業者の方から前工程の作業者に原材料の調達，作業開始，作業準備の指示などを行う方式を採用している。

　第3に，トヨタ生産方式の最も脆弱性のあるところは，半日分という極端な在庫しか持たない方針にある。これは特に被災時に弱い特徴を有しているため，災害時に備えて予め事業継続計画や事業継続と復旧計画などのような体制を整えることが重要である。

注

1) トヨタ自動車のホームページ
　　https://www.toyota.co.jp/jpn/company/history/75years/text/leaping_forward_
　　as_a_global_corporation/chapter4/section1/item1.html（2024年6月14日閲覧）

2) 内閣府が新たに策定した「事業継続ガイドライン」は以下の URL を参照すること。
https://www.bousai.go.jp/kyoiku/kigyou/pdf/guideline03.pdf（2024 年 8 月
27 日閲覧）

参考文献

上山邦雄（2003）「トヨタの海外展開」『経済学研究』九州大学，70(2・3)：1-21.

ウォマック，J. P.，ルース，D.，ジョーンズ，D. 著，沢田博訳（1990）『リーン生産方式が，世界の自動車産業をこう変える。―最強の日本車メーカーを欧米が追い越す日』経済界

大野耐一（1978）『トヨタ生産方式』ダイヤモンド社

大野高裕・葛山康典・山下洋史（1992）「コスト尺度に基づく新たな企業評価規準の提案」『日本経営工学会誌』日本経営工学会，43(3)：208-209.

小川英次（1994）『トヨタ生産方式の研究』日本経済新聞社

企業倫理グループ編（2007）『日本の企業倫理』白桃書房

徐寧教（2021）『多国籍企業の知識マネジメント』有斐閣

鄭年皓・山下洋史編著（2014）『バランシングの経営管理・経営戦略と生産システム』文眞堂

藤本隆宏（1995）「いわゆるトヨタ的自動車開発・生産システムの競争能力とその進化(2)」『経済学論集』東京大学，61(3)：87-123.

藤本隆宏（2001）『生産マネジメント入門〈1〉生産システム編』日本経済新聞社

藤本隆宏（2003）『生産・技術システム』八千代出版

フランス計画庁編，ジャック・アンリ・ジャコ監修・金田重喜訳（1994）『フォード主義対トヨタ主義』創風社

門田安広（2006）『トヨタプロダクションプログラム』ダイヤモンド社

鷲田豊明（1999）『環境問題と環境評価』築地書館

和田一夫（2013）『ものづくりを超えて』名古屋大学出版会

山下洋史（2017）「環境目標ベクトルを用いた資源循環分析モデル」『明大商学論叢』明治大学商学研究所，98(1)：19-31.

第6章

製品開発と生産管理

> **学習目標**
>
> 1 製品開発の意義について明らかにする。
> 2 製品開発の体系とプロセスについて明らかにする。
> 3 製品開発における研究開発の成功要因について取り上げる。

　21世紀に入り，企業間の競争がその激しさを増している中，顧客満足やニーズをめぐる企業側からの対応も変化しつつある。製品の種類や複雑さ，技術の革新度，市場の競争状況などによって製品開発期間は異なる。例えば，アイフォンを制作しているアップルは研究開発期間が2～3年くらいであると知られている。これらの製品開発期間は製品のライフサイクル，市場や競争のプレッシャー，技術革新とR&D投資，試作とテスト期間などから影響を受けている。この製品開発は利益を重視する現代経営において最も重視され，付加価値を生み出す源として広く認識されている。昨今経営学を先導しているハーバードビジネススクールでこの製品開発を必修科目として設けていることはいうまでもない。さらに，経営学，戦略論，マーケティング論などアプローチ方法によって実にさまざまで数多くの研究がなされているのが現状である。

　延岡（2021）は，日本企業の製品開発力の現状について以下のようにように評価している。

　彼は日本企業の製品開発について，ものづくりが強かった1980年代までの時期と，デジタル化・モジュール化による競争力低下が目立った1990年代以後に区分している。すなわち，生産性の高いものづくり，廉価な賃金，有利な

為替レートなどの理由で日本企業の機能的価値に対する高い評価があった時期が1980年代までであった。しかし、モジュール化や標準化などが主な原因となり、1990年代以後は日本企業の製品開発力に後れをとっているという。これはかつてまで評価されていたハードウェア開発の技術よりソフトウェア技術の開発が重要な軸となったことが背景にある。さらに、グローバルなネットワークの構築を可能にしており、プラットフォームビジネスを行うGAFAMのような企業の方が日本企業より優位に立つという。さらに、顧客価値の暗黙化が進む中、経営手法として注目されているのがロウ（Peter Rowe）が1987年に出版した『デザイン思考過程（Design Thinking）』であり、後述するシリコンバレーのデザイン戦略会社のIDEOの思考法がその実践的な提案であった。

　実際に、日本では団塊世代が本格的に現場から後退していた2000年代以後、デザイン思考に注目し、相対的に日本企業より収益性が高いと評価されていたイタリアモデルの研究がなされていた。その結果、トヨタのレクサスや一部の自動車製品のようにデザイン性を重視するものづくりの動向もあったが、全体的にはトヨタのようなアセンブラーとそのサプライヤーから構成されている日本の自動車業界への適用可能が困難な状況にあることも確認ができた。

　一方、近年注目されている技術経営（Management of Technology, MOT）も魅力的な製品をつくるための新製品開発マネジメントとして知られている（商品開発・管理学会, 2007）。これらの考え方は、経験価値、すなわち感性や心理的なものを製品につくりこむ手法としてヒット商品、ブランド商品づくりに役立つという。

　本章では、いかに製品開発を実行し、それらの詳細なプロセスで浮き彫りになるさまざまな課題に答えるかについて検討する。主に「製品開発はなぜ重要なのか」「製品開発のためにはいかに組織を作るのか」「製品開発のために必要とされる人的資源管理はいかに行うのか」という問いに答える。

1. 製品開発の意義

　顧客ニーズを満たすために日々重ねる企業の努力は、私たちの想像を絶する。

特に，製品のライフサイクルが著しく短縮されている近年の動向に対応するために，研究開発期間短縮のための競争は日々グローバルな次元で行っているのが現状である。グローバル化，情報化，ものづくりルールの変化などかつては想定しなかった経営環境の変化が見られる中，製品開発のための戦略展開にも変化の様相が見られている。企業間の競争が激しさを増している中，競合企業に先駆けて新製品を開発し，市場のシェアを伸ばすために不可欠な要因に研究開発（research and development）がある。実際にアップルなどに代表される先端企業は，革新的な技術の開発と新製品の立ち上げを連続して可能にする優れたイノベーション戦略を通して競争優位上の高い地位を勝ち取ってきた。このように，グローバルな消費者のニーズを満たさなければならない立場にある多国籍企業にとって迅速で適切な研究開発をいかに実行するかは，組織存続は勿論，その繁栄や発展に欠かせない要因であろう。製品開発は「創造性」「不確実性」「複雑性」をいかに管理するかと関わっている（延岡，2002）。

　製品開発と関連する主な理論展開は，以下のようである。

　まず，製品開発に対するイノベーションとの関連性についてである。経営学の分野においてイノベーションの概念を提唱した人物にシュンペーター（Schumpeter, J.A.）がいる。彼はイノベーションについて「既成の概念を覆すような新規の技術や材料，生産手段，産業や組織の再編などによってもたらされる革新」と定義している。製品のライフサイクルと関連があるが，近年ではそのライフサイクルが短縮されていることが原因でイノベーションの重要性が問われている。さらに，イノベーションは，企業経営における知的財産権が強化され，競合他社との競争に勝ち抜くために総合的な知的マネジメントという面でも迅速で的確な対応が必要不可欠であろう。製品のライフサイクルは，特に製品がコモディティ（commodity）化する現象と関連性がある。ここでいうコモディティ化とは，市場に流通している製品やサービスがメーカーごとの個性を失い，それを購入する消費者にとっては魅力を感じなくなる状態のことをいう。例えば，当初開発された際には高価の製品として認識されたUSBメモリーの価格がどの業者からも手頃の値段で購入できるようになった状況をいう。筆

者の経験では，最初日本の電子産業の代表企業であるS社が最初に発売した4ギガバイトのUSBメモリーは2万円程度であったが，現在は1000円以下の価格で購入できるようになっている。これはS社に対して競合他社が行った模倣戦略により，コモディティ化の影響を受けたため，市場での価格が低下したからに他ならない。自社で開発した製品が導入期から成長期を経て，成熟期に突入した段階では，いずれ衰退期を迎える製品のライフサイクルを考慮し，次の製品の立ち上げのために製品開発をしなければならない。その成熟期の段階でのイノベーションの成敗が当該企業の将来の運命を左右するのはいうまでもない。

　そして，1997年に刊行した書物である『イノベーションのジレンマ』(The Innovator's Dilemma)』がある。これはハーバード大学の教授であったクリステンセン (Christensen, Clayton M.) によって提唱された概念であるが，イノベーションで成功した企業が既存の顧客や市場に固執すると，革新性を有する新たな企業によって市場を奪われてしまう現象をいう。したがって，既存の顧客が求める「持続的イノベーション」(Sustaining Innovation) から脱却し，革新的な技術や手法を活用する「破壊的イノベーション (Disruptive Innovation)」へといかに変換するかがジレンマに陥れない重要な要因になるという。

　さらに，「イノベーションが，コミュニケーション・チャネルを通して，社会システムの成員間において，時間的経過の中でコミュニケートされる過程」であるイノベーションの普及 (Diffusion of Innovation) の理論がある。これはロージャス (Rogers, Everett M.) によって提唱された概念である。世の中に開発された数多くのイノベーションが普及の過程を経ずに消滅してしまうのはイノベーションが有する独特な特性があるからであるという。言い換えれば，世に存在する数多くの製品やサービスの普及は，ほとんどというほど初期の段階では低調な普及から始まり，その普及がある程度進んだある時点で急激に世に拡散される形態で行われるという。この形状が「S字」を示していることから「普及のS字曲線」といわれている。

　第2に，新製品開発のプロセスの最適化についてである。この主な理論にス

テージゲートプロセス（Stage-Gate Process）がある。同理論はロバート・クーパー（Cooper, Robert G.）によって開発された製品開発のフレームワークであり，アイデアの生成から市場投入までのプロセスを段階的に管理することを主な目的としている。クーパーによって2011年に出版された『ステージゲート法——製造業のためのイノベーション・マネジメント（Winning at New Products: Creating Value Through Innovation）』では画期的な新製品を効率よく生み出すための技術経営のフレームワークを提供している。同理論では製品開発のフレームワークを提示し，製品開発のアイデアの生成段階から市場投入段階までのプロセスをいかにマネジメントするかの重要性について説いている。すなわち，クーパーの主張する理論では，新製品開発に必要とされる各々の段階（ステージ）において，次の段階に進行するかどうかを判断するための「ゲート」を設けるフレームワークを提供している。この手法によって潜んでいるさまざまなリスクを抑制しながら企業の内部に有する経営資源を効率的に利用でき，新製品の市場投入を可能にすることができるという。

　第3に，顧客中心の製品開発についてである。顧客中心の製品開発で注目されている理論に「ジョブ理論（Jobs to Be Done Theory）」がある。同理論では，企業のイノベーションや成長を生み出すための考え方を提供している。この考え方は，実業家であり，ハーバード大学で教鞭をとっているクリステンセンによって提唱された。同理論では，2016年に出版された『ジョブ理論 イノベーションを予測可能にする消費のメカニズム』（Competing Against Luck: The Story of Innovation and Customer Choice）でその主体となる概念とその実践方法が明らかにされた。先述した『イノベーションのジレンマ』が経営資源を備えている大企業が新興企業に敗北してしまう理由を明らかにしたならば，ジョブ理論では顧客が製品やサービスに期待する結果や利益に焦点を当てている。

　ここでいう 'Jobs to Be Done' とは，語源通りでは「やるべき仕事」を意味する。さらに，'Jobs' とは経営学分野で一般的に解釈する「職務」という意味ではない。あえていえば，「課題」や「目標」を意味する。クリステンセンが主張する理論では「顧客が自分の生活や仕事において解決したい課題や達成

したい結果」を表す。同理論で企業は顧客が要求する価値をいかに提供するかが重要な要因となるという。例えば，「毎朝美味しいコーヒーを飲む」という行為は，「眠気から目を覚ます」か「仕事の前にリラックスしたい」という目的を達成するために，コーヒーを吟味しているという。ということで，企業が顧客に対し，単に美味しいコーヒーを提供するだけに固執するならば，顧客ニーズを満たすのに失敗することになるという興味深い結論を出している。このように，企業にとってジョブは財やサービスを販売することを意味する。しかし，顧客にとってのジョブの有する意味はより複雑であり，場合によっては顧客の感情や彼らが置かれている社会的側面から影響を受けることもある。したがって，両者を一致させることはきわめて困難な作業であるという。先述したように，クリステンセンは大企業がベンチャー企業やスタートアップに破壊的イノベーションを新たに引き起こすことによって敗北してしまう根拠を示した。しかし，いかにすればイノベーションを引き起こすかの方法についての答えは示していなかった。このジョブ理論では「どのようにイノベーションを引き起こすか」という解を提示しているといえよう。

　さらに，顧客中心の製品開発の手法として米国のデザイン・ファームであるアイディオ（IDEO）によって普及した方法論もある。同理論によれば，共感を基にした問題解決アプローチを採用し，ユーザーのニーズに焦点を当てた製品開発の重要性について強調している。ケリーとリットマン（2002）によって主張されたものであり，IDEO 社のデザインチームがいかにして新たなアイデアを発掘し，優れたプロトタイピングの重要性，人間中心のデザイン，チームワークとコラボレーション，イノベーションの持続性などが重要な要因であることを強調している。

　こうして製品開発は，企業が成長し続けるために不可欠な要素であり，研究と実践の進展により，その手法や理論は絶えず進化している。

2. 製品開発の組織
　製品開発は，製品のコンセプトを規格する段階から始まり，市場に立ち上げ

る商品化の段階までに，数多くの段階を経て行われるプロセスを有する。図6-1が示しているように，アイデア創出の段階から始まり，アイデア・スクリーニング，コンセプト開発とコンセプトテスト，マーケティング戦略の立案，事業分析，製品開発，市場テストの段階を経てから商品化に至る。同図はコトラーの考え方に基づいているが，それ以外でも数多くのモデルも存在している。製品開発には製品設計，生産活動，要素技術開発，事前の市場テストなどが総網羅されるほど重要なプロセスが含まれている。

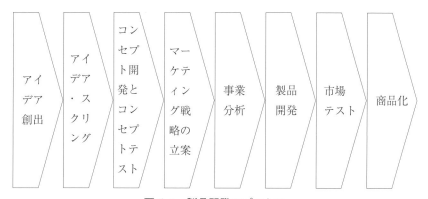

図6-1 製品開発のプロセス
出所：コトラー・ケラー・チェルネフ（2022：邦訳書，416）

しかし，このような製品開発に必要な優れたプロセスを有したとしても，それらを実行し，支援する組織を備えなければ市場での成功は保証できない。

製品開発を担当する組織は，機能別組織，プロジェクト組織，マトリックス組織に大別される（延岡，2002）。

図6-2では製品開発の機能別組織，プロジェクト組織，マトリクス組織のイメージを示している。

まず，機能別組織についてである。図6-2が示しているように，この形態は，研究開発，設計，製造，マーケティングなどの特定の機能に部門を分割し，各々の部門が専門性を活かせる狙いで造り上げたものである。例えば，自動車産業の場合，一般的に研究開発部門，製造部門，マーケティング部門，財務部門，

人事部門，調達部門などがある。この機能別組織の長所は，専門化の促進，効率的な経営資源の管理，品質管理の向上などがある。特に，各部門が機能別に特化しているために，各部門の専門化を高めることによって技術革新や問題解決に迅速に対応できるというメリットがある。さらに，この専門化を活かせる特性は，同一の機能を有する業務を一つに集中して管理することを可能にし，経営資源の効率的な利用と品質向上の面で有効である。しかし，専門化した部門は職務自体を目的に見合った分業と，分業した部門をいかに統合できるという課題もあるため，それらの課題をめぐる細心の注意が必要である。

しかし，このタイプの組織には，部門間のコミュニケーションの不足，企業全体の視点の欠如，パタナリズムなどのデメリットも存在する。言い換えれば，同タイプの組織は，各部門の独立性を許容し過ぎると，部門間の連携が足りなくなるなどの問題点も生じる。したがって，経営トップは，企業全体の目標や戦略に見合った体制や運営を行っているかを常にチェックする必要がある。

第2に，プロジェクト組織についてである。同組織は，図6-2が示しているように，ある特定の製品開発の目標のために，迅速で効率的に実行する際に，有効的な形態の組織として知られている。先述した多くの機能別組織から選び抜いた人材が一定期間だけ集められるため，特定のプロジェクトを進行するために強力な協力体制が必要とされる。この組織は，意思決定の迅速化，責任の明確化などのメリットが期待できる。しかし，一時的な組織目標を有して立ち上がるため，経営資源の分散と競合，プロジェクトメンバーの過度の負担とそれによる疲弊，組織の複雑化などのデメリットも生じやすい。さらに，機能別組織と同様，組織全体の視点の欠如による経営資源の重複した利用や過度な競争などの課題も解決しなければならない。

第3に，マトリックス組織についてである。この組織は，機能別組織とプロジェクト組織の長所を組み合わせた形態である。同組織の中で，組織メンバーは機能別組織とプロジェクト組織の両方の組織に属し，両方から指揮命令を受けることになる。機能別組織の専門性とプロジェクト組織の柔軟性を活かせるなどのメリットが期待できる。一方で，2つの組織から指揮命令を受けること

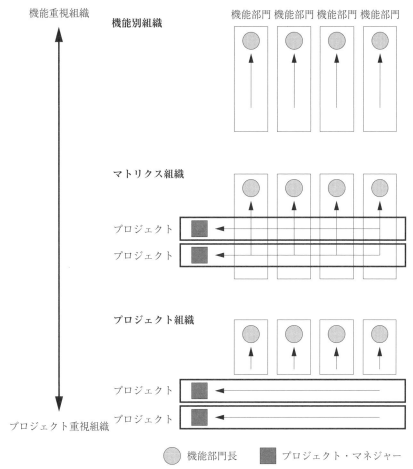

図 6-2　機能別組織，プロジェクト組織，マトリクス組織
出所：延岡（2002：125）

から生じる命令の一貫性の喪失，管理の複雑さ，優先順位の不一致，組織メンバーの責任の不明確さ，経営資源の無駄遣いなどの問題を招く可能性が大である。

　さらに，製品開発の面で注目されているのがエンジニアリングチェーン（Engineering Chain）である。エンジニアリングチェーンとサプライチェーンは，製品開発から市場投入に至るまでのプロセスと密接に関連している。ここでいうエンジニアリングチェーンとは，製品の設計，開発，および製造に関わる一

連のプロセスや活動を指す。これは原材料の調達から製品の製造，物流，最終的に顧客に届けられるまでのプロセスを管理する一連の活動を意味するサプライチェーンと明確に区分している。

エンジニアリングチェーンは，製品コンセプトの作成から機械設計，詳細設計，工程設計などのプロセスを経て行われるのが一般的である。近年このエンジニアリングチェーンの厳格な管理が問われる背景には，消費者からのさまざまなニーズを満たすために品質の高い製品を効果的に市場に投入しなければならないという理由などがある。これらの諸要因は，大規模で，品質の面で信頼のできる，コストの効率が高い製品づくりに必要不可欠である。言い換えれば，エンジニアリングチェーンの管理が的確に行われなければ，製品の市場投入に時間やコストがかかったり，品質の面での問題が発生したりするかもしれない。近年では，AI (artificial intelligence) 技術を利用したエンジニアリングチェーンの管理が行われている。特に，エンジニアリングチェーンに AI をいかに統合するかの課題が注目され，製品開発全体のプロセスの効率性の向上，コスト削減，製品の品質向上への利用などが試されている。例えば，エンジニアリングチェーンの DX (digital transformation) 化に挑戦するオムロンの AI・データ解析技術がある。[1] 同社では，全社エンジニアリングチェーンの DX 化に必要とされるデジタル技術の展開を目指して 2024 年 3 月に技術・知財本部に「デジタルデザインセンター」を設立したという。この部署では具体的にデータ解析×CAE × AI を融合した技術が使用されているが，全社レベルの革新的な技術を目指すためである。

3. 製品開発のための人的資源管理

近年，製品開発における人的資源管理の重要性が問われている。なぜなら，企業の製品開発を主導する最も重要な要因が人的資源の管理であるからである。1990 年代以後に見られるグローバル化の進展とともに国境の垣根を越えて行われる人的資源管理は，特に企業の競争優位性を維持または発展させるための不可欠な要因となっている。

研究開発における人的資源管理の重要性について取り上げている主な業績は以下のとおりである。

まず，Teece ら（1997）は企業が競争優位性を維持するためにダイナミック・ケイパビリティ（動的能力ともいう）の重要性について取り上げた。すなわち，彼らは人的資源の適切な活用が製品開発における革新と市場適用にいかに重要であるかについて主張した。人的資源をいかに効率的に利用するかによって，新しい製品を効果的に開発することが決まるという。

第2に，企業が外部からの知識を取り入れ，それらをいかに活用するかという能力が重要であることである。Cohen ら（1990）はその能力を「吸収能力」（absorptive capacity）と命名し，企業の人的資源のスキルと経験が企業の吸収能力を高め，新たな製品の開発に直結していることを強調した。ここでいう「吸収能力」とは，新しい情報の価値を認識・吸収し，それらをいかに商品化するかに関わる能力のことをいう。特に，製品開発プロセスにおける知識結合が問われ，従業員の知識，スキル，ネットワークなどがますます複雑化されている企業の製品開発を成功に導くキーファインダーとなるという。

第3に，人的資源管理と組織イノベーションの包括的な視点での考察についてである。Keegan ら（2014）は，プロジェクト志向型組織（Project-Oriented Organizations）において人的資源管理がいかに重要であるかについて明らかにした。彼らは，特にプロジェクト志向型組織の製品開発において人的資源管理がプロジェクトの成功と持続可能性について影響を与えているかについて考察した。

日本を代表する企業であるパナソニック・グループは，日本をはじめ，北米，欧州，アジア地域など世界各国から集まった人材や技術を活用した研究開発体制を運用していることがわかる。[2]このような状況では国内のみの人材を対象にした人的資源管理とはさまざまな面において異なる。すなわち，国内企業のみで人的資源管理を行う場合は，採用慣行，労働観，労働法などを含む日本の人事制度が適用される。これに対し，グローバルな事業展開を繰り広げている多国籍企業の場合は，本国拠点の人事制度と海外子会社の人事制度の整備が重要な課題となっている。これには，受け入れ国のビジネス環境も同時に考慮しな

ければならない要因であるからである。

多国籍企業の場合，国内企業と異なり，①本社が存在する国を出自にする人材である「本国人材」，②海外子会社が存在する国を出自にする人材である「受け入れ国人材」，そして③本国でも海外子会社でもない国を出自にする人材である「第三国人材」から構成されるという（江夏・桑名，2018）。

本国人材は，本国拠点（本社）の技術的優位性の海外子会社への移転，本社と海外子会社との調整，ローカル人材の企業文化の伝承などが主な役割であろう。一般的に，これらの人材は，本社で業務能力や人格などの面において認められており，海外の派遣先での経験が本社で再び活かされる場合が多い。しかし，派遣された期間中に本社でのキャリアデベロップメント上の不利さ，赴任先での配偶者や子女の現地適応や教育問題，異なる文化への適応問題などを理由に手厚い待遇を提供することが多いが，これは本社の派遣コストの増大問題として解決しなければならない大きな課題でもある。日本企業の場合，本国人材と受け入れ国人材の比重が非常に高いなどの問題がしばしば指摘されている。

さらに，先述したように，人事慣行・制度と直結する問題としてグローバル人材の不足や，ローカル人材への不公平さは大きく取り上げられている。海外派遣者のマネジメント能力が問われる。

このように，本章では，多国籍企業における研究開発について概観した。戦後研究開発部門においてトップの座を占めていた米国の企業も時間の経過とともに日本やヨーロッパの企業にその地位を脅かされるようになっているのが現状である。近年では，アジア諸国の企業もグローバルな次元で製品開発をめぐる激しい競争に参入するようになっている。その背景には，研究開発におけるよりアジルでダイナミックな動向にその根源的な理由を見つけることができる。特に，経済のグルーバル化が急激に進んだ90年代以後，多国籍企業が主導するグローバルな消費者を対象にした研究開発は，その重要性がますます問われている。

4. 製品開発と研究開発

　企業間の競争が激しさを増している中，競合企業に先駆けて新製品を開発し，市場のシェアを伸ばすために不可欠な要因に研究開発（research and development）がある。実際にアップルなどに代表される先端企業は，革新的な技術の開発と新製品の立ち上げを連続して可能にする優れたイノベーション戦略を通して競争優位上の地位を勝ち取ってきた。このように，グローバルな消費者のニーズを満たさなければならない立場にある多国籍企業にとって迅速で適切な研究開発をいかに実行するかは，組織存続は勿論，その繁栄や発展に欠かせない要因であろう。戦後，研究開発の分野においてトップの地位を得ていた国は米国であった。なぜなら他の国と比較して国内総生産で最も多くの資金を投じていたのが米国であったからである。当然裕福な消費者が存在していた米国市場というバックグラウンドがあり，科学的基盤も世界最大級の規模で企業間の競争が繰り広げられていた。その結果，米国は研究開発活動の面においては，最強の地位を得ていた。

　しかし，その後，アジアやヨーロッパの企業もイノベーションの分野において急激な発展を成し遂げるなど米国企業との格差も縮小するようになった。例えば，ノキア，エリクソン，フィリップなどのヨーロッパの企業を始め，ソニー，シャープ，任天堂，パナソニックなどの日本企業，そしてサムスン電子，LG電子，SK，ファーウェイなどのアジア企業も相当な金額での研究開発費が投資されていることが明らかになっている。

　製品開発における研究開発の成功要因としては，戦略的意思決定，統合された製品開発プロセス，製品開発の業績をあげるための実践的なガイドラインがあるという（Clark and Fujimoto，1991）。

　第1に，製品開発における戦略的意思決定についてである。これを成功に導くためには，製品ポートフォリオの管理，新技術の導入，市場ニーズの理解などにおいて競合他社と差別化した戦略を採用することが重要である。

　第2に，製品開発における統合されたプロセスについてである。優れた製品開発には，企業全体の統合されたアプローチが重要であり，製品コンセプトと初

表 6-1　グローバルな研究開発組織の類型

類　型	主な研究者	特　徴	事　例
トランスナショナル型組織	バーレットとゴシャール (1989)	各国に分散されている現地法人の自律的な経営を支援するために創設された組織	ルノー・日産自動車
メタナショナル型組織	サントスとウィリアムソン (2001)	多国籍企業のベースとなる技術優位性を活用する戦略を超えて，世界中に散在する経営資源を活用して新しいタイプの技術優位性を確立しようとする組織概念	ノキア，HSBC
地域統括本社	竹田ら (2011)	市場のニーズや政治・経済などの諸条件が似通っているため，世界をいくつかの地域に分割し，地域単位で戦略の立案・遂行を行う形態	トヨタ

出所：筆者作成

期段階から製造までに至るプロセスに各部門間の強力な連携が必要であるという。

　第3に，製品開発の業績をあげるための実践的なガイドラインについてである。当該企業が製品開発の業績を上げるためには，組織構成員全員に対して具体的なガイドラインやベストプラクティスを提供しなければならない。これによって，開発プロセスの短縮，製品の市場投入を成功的に達成することができる。さらに，Clark らは製品開発における日米の自動車産業を比較した。その結果，日本の方が全体的により効果的で迅速であることを明らかにした。

　近年ますます複雑化傾向を見せている製品が市場に満ち溢れている中，グローバルな次元でのものづくりに対応するためにも柔軟性のある有機的な組織構造が問われている。これらの研究開発管理を遂行するために適した経営管理スタイルとしてトランスナショナル (transnational) 型組織，メタナショナル (metanational) 型組織，そして地域統括本社 (RHQ；regional headquarter) が存在する。表 6-1 には，3つの組織の主な研究者，特徴，限界点などについて明らかにしている。

まとめ

第1に，製品開発は，製品のライフサイクルが短縮されているという経営環境の変化への対応策として重要な要因である。なぜなら，脱コモディティ化という観点から企業が競合他社に対していかにイノベーションを引き起こすかが問われているからである。

第2に，製品開発は，アイデア創出の段階から始まり，アイデア・スクリーニング，コンセプト開発とコンセプトテスト，マーケティング戦略の立案，事業分析，製品開発，市場テストの段階を経てから商品化に至るなどのプロセスを経て完成される。

第3に，製品開発における研究開発の成功要因には，戦略的意思決定，統合された製品開発プロセス，製品開発の業績をあげるための実践的なガイドラインがある

注

1) エンジニアリングチェーンの DX 化に挑戦するオムロンの例については，以下の URL を参照すること。

  https://www.omron.com/jp/ja/technology/activities/14/（2024 年 8 月 17 日閲覧）

2) パナソニック・グループの研究開発組織については以下の URL を参照すること。「研究開発体制」

  https://holdings.panasonic/jp/corporate/technology/organization.html（2024 年 8 月 23 日閲覧）

参考文献

江夏健一・桑名義晴編著 (2018)『理論とケースで学ぶ国際ビジネス　第4版』同文舘出版

クーパー，R. J. 著，浪江一公訳 (2012)『ステージゲート法——製造業のためのイノベーション・マネジメント』英治出版

クリステンセン，C. M. 著，伊豆原弓訳 (2001)『イノベーションのジレンマ　増補改訂版：技術革新が巨大企業を滅ぼすとき』翔泳社

クリステンセン，C. M. ほか著，依田光江訳 (2017)『ジョブ理論　イノベーションを予測可能にする消費のメカニズム』ハーパーコリンズ・ジャパン

ケリー，T., リットマン，J. ほか著，鈴木主税ほか訳 (2002)『発想する会社！—世

界最高のデザイン・ファーム IDEO に学ぶイノベーションの技法』早川書房
コトラー，P.，ケラー，K.，チェルネフ，A. 著，恩藏直人他訳 (2022)『マーケティ
　　ング・マネジメント』丸善出版
佐久間信夫・小林守編著 (2024)『多国籍企業の理論と戦略―改訂版』学文社
商品開発・管理学会 (2007)『商品開発・管理入門』中央経済社
延岡健太郎 (2002)『製品開発の知識』日本経済新聞出版
延岡健太郎 (2006)『MOT「技術経営」入門』日本経済新聞出版
延岡健太郎 (2021)『アート思考のものづくり』日経 BP
一橋大学イノベーション研究センター編 (2017)『イノベーション・マネジメント
　　第 2 版』日本経済新聞出版社
ロウ，P. 著，奥山健二訳 (1990)『デザインの思考過程』鹿島出版会
ロジャーズ，E. 著，三藤利雄訳 (2007)『イノベーションの普及』翔泳社

Cohen, W. M. and Levinthal, D. A. (1990), "Absorptive Capacity: A New Perspective on Learning and Innovation" (1990), *Administrative Science Quarterly*, 3(1) : 128-152.

Clark, K.B. and Fujimoto, T. (1991), *Product Development Performance: Strategy, Organization, and Management in the World auto Industry*, HBS Press.

Keegan, A., & Den Hartog, D. (2014), "The Role of Human Resource Management in Project-Oriented Organizations: A Review and Research Agenda", *International Journal of Project Management*, 25(3) : 315-323.

Teece, D. J. and Pisano, G. and Shuen, A. (1997), "Dynamic Capabilities and Strategic Management", *Strategic Management Journal*, 18:7: 509-533.

第7章
リスクマネジメントと生産管理

学習目標

1 リスクマネジメントが注目されている背景について説明できる。
2 リスクマネジメントと企業倫理の相違について検討する。
3 BCP（事業継続計画）と目標復旧時間の設定の意義について明らかにする。

　記憶にも新しいコロナウィルスの世界的な拡散は，さまざまな形で私たちの生活に変化を及ぼしている。コロナウィルスは新型感染症の一種類であるが，その感染力の強さと速さは日本人だけでなく，全人類に与える影響力は私たちの想像を絶するものであった。もちろん，これらの感染症の感染によって与えられた企業経営への影響は将来への不安と重なり，企業の経営者が迅速で的確に対応しなければならない重要なリスクの一つであったといえよう。

　しかし，2020年に発生したコロナウィルスのような感染症の拡散は，一度限りのリスクではなく，2000年代以後継続的に発生している問題であった。これらの事件・事故は企業経営，特にサプライチェーンに深刻な影響を及ぼしたことはいうまでもない。表7-1が示しているように，2000年以後企業経営に多大な影響を及ぼしたさまざまなリスクが存在し，それらが及ぼす悪影響に注意を払う事態となっているのが現状である。

表 7-1　さまざまなリスク

項　　目	発生年度	内　　容
コンピュータ西暦2000年（Y2K）問題	1999年から2000年	西暦2000年にコンピュータシステムが正常に作動しないという問題
SARS（Severe Acute Respiratory Syndrome；重症急性呼吸器症候群）	2003年	中国で非定型性肺炎の患者が発生し，その後にインドなどの東アジアやカナダなどの32の地域や国に拡大した問題
鳥由来の新型インフルエンザ（H5N1）	2003年	東アジア諸国で発症し，ヨーロッパやアフリカまで拡大した問題
タイの洪水	2011年，2013年	洪水による被災が発生し，タイを拠点とした多くの日本企業が操業停止の状態であった問題
東日本大震災	2011年	地震や津波による自然災害と，それらの影響から発生した福島原発事故などの問題
コロナウィルスの感染	2020年	パンデミックによる人・物・金などの移動の制限が世界経済に及ぼしたさまざまな悪影響の問題

1.　リスクマネジメントの意義

　リスクという概念が社会科学の分野において注目されるようになったきっかけは，おそらく1986年にドイツの社会学者であるベック（Ulrich Beck）によって刊行された『リスク社会の到来』の存在であろう。彼はその著書を通して現代社会におけるリスク社会の定義，リスクの普遍化，リスクの個人化，リスクの政治化，科学技術と信頼の問題などについて分析し，それらのリスクがいかに現代社会の構造や文化に影響を及ぼしているかについて明らかにした。この書籍が発行された後にリスクに関する多くの研究がなされたという（大森，2021）。いわゆるリスク学が一学問分野として確立し，体系的に研究がなされるようになっている。

　まず，リスクの定義について検討する。以下のように論者によってさまざま

な定義がなされている。

「人間の生命や経済活動にとって，望ましくない事象の発生の不確実性の大きさ，およびその結果の影響度」(大森，2021)，「事件・事故の発生確率 (probability of occurrence) と発生強度 (severity of consequence) のこと」(大泉，2012)，そして ISO (International Organization for Standardization，国際標準化機構) による定義では「目的に対する不確かさの影響」であるという (ISO3100)。特に，ISO のリスクに対する興味深いアプローチには，その与えられる影響についてネガティブな影響だけなく，ポジティブな影響も含まれていることである。さらに，リスクの種類は，①自然災害と②人災に大別される (大泉，2012)。前者は，地震・ハリケーン・火災・洪水・津波・暴風雨・疫病 (感染症)・その他などがあり，後者は，事故・テロリズム・犯罪行為・破壊活動・その他が含まれる。

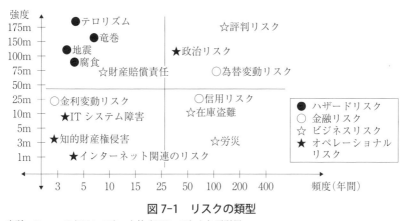

図 7-1　リスクの類型

出所：Bananoff (2004：54)，中林 (2007：69) より再引用

企業が負うべきリスクを強度と頻度という両軸から類型化するリスクマッピングの考え方もある (Bananoff, E., 2004)。図 7-1 が示しているように，リスクは発生した危険度がどの程度なのかと，それらの頻度がどの程度で発生しているかによって判断できる。

そしてリスクマネジメントと類似した表現には，リスク・コントロール，ク

ライシス・コントロール，エマージェンシー・マネジメントなどもある。論者によっては，リスクマネジメントを危機事態の発生を予防するためのリスク分析方法などの概念が中心であるが，クライシス・マネジメントを危機事態発生後の対処方法に重点を置いている場合もある（亀井，2014）。一方で，クライシス・コントロールの概念として，危機発生の予防活動に重点を置いているのに対し，危機発生後の危機拡大の抑制に重点を置いている場合もある。こうして危機への対応としてさまざまな意味で定義されていることがわかる。

　リスクマネジメントの発展は企業の保険管理から発展したものであり，1950年代から米国の企業で本格的に導入し始めたといわれている。当時のリスクマネジメントの対象となるリスクは付保可能なリスクに限定されていた。その後，これは時間の経過とともに，発展を重ねて全社的リスクマネジメント（enterprise risk management ; ERM）が志向されるようになっている。さらに，リスクマネジメントは1970年代には組織の存続，効率性と成長，リスクの回避的な経営に即応することが主な目的であったが，近年ではERMの発展とともに，リスクのコストを最小化させ，株主に対し企業価値を最大化させることに戦略的な重点が置かれているようになった。このERMを運営する上で期待できるメリットには，市場評価の改善，リスクの早期発見，損失の減少，法定自己資本の軽減，リスク移転の合理化，保険料の削減などがある（ラム，2016）。実際に，米国では企業のリスクを専担する役員である最高リスク管理責任者（Chief Risk Officer, CRO）がいる。しかし，一般的にこのCROは単に企業のリスク管理だけを専担するのではなく，財務管理などを中心に多くの幅広い管理がなされている。主に80％以上のCROが金融機関，エネルギー会社，一般事業会社のリスク負担が多い事業に幅広く採用されているのが現状である。さらに，このCROには通常信用リスク，市場リスク，オペレーショナル・リスク，保険，ポートフォリオを管理する部長が部下として報告を行う形態になっている。一般的な職務として以下のものがある（ラム，2016）。

　「・企業全体のリスク管理に対する全般的なリーダーシップ，ヴィジョン，

指揮

・組織全体におけるリスクのすべての側面に関する ERM の枠組みの構築
・具体的なリスク・リミットを通じた経営陣のリスク・アペタイトの定量化を含む，リスク管理方針の構築
・損失や偶発事故，重要なリスク・エクスパージャーや早期警戒指標を含む，一連のリスク指標とリスク報告の実践
・事業活動へのリスクに基づくエコノミック・キャピタルの配賦，および事業活動やリスク移転戦略を通じた企業のリスク・リスクポートフォリオの最適化
・取締役会，規制当局，株式アナリスト，格付機関，取引先など重要なステークホルダーに対する企業のリスク特性の伝達
・リスク管理計画を支援するための分析，システム，データ管理能力の形成」

　興味深いのは，企業が負うべきリスクに対してリスクマネジメントとクライシス・マネジメントは異なるアプローチをしていることである。ここでいうリスクとは「予定された結果と現実の状態の不均衡（変動＝差）」（森宮，1985）のことをいうが，企業が負うべきリスクをさらに，図7-1 が示しているように，強度と頻度という両軸から類型化できる（中林，2007）。すなわち，同図が示しているように，リスクの発生による自社への影響力の強度は両者ともに高いが，リスクの発生頻度の面において高いのがリスクマネジメント，低いのがクライシス・マネジメントであるというスタンスをとる。ナシーム・ニコラス・タレブの著書である『ブラック・スワン―不確実性とリスクの本質』では誰もが予測できなかったリスクを「黒い白鳥」と命名し，これらの問題が発生することへの対応を喚起づけている。

　しかし，1990 年代以後の ERM は，従来のリスクマネジメントが単にリスクとその管理に力点を置いていた次元から脱却し，企業目標とリスク負担のあり方，好機の不確実性の管理などに主眼を置き，リスクマネジメントを企業目標の達成にいかにして貢献させるかに観点が変わっており，伝統的なリスクマ

ネジメントとは異なる点を強調している（上田，2014）。これはインテグレーテッド・リスクマネジメントやトータル・リスクマネジメントという用語でも集約できるという。企業経営におけるリスクマネジメントに新たな動向が生成された背景には，①企業活動のグローバル化と規制緩和，②リスクの多様化と対象となるリスクの変化，③リスク対処の技術面での高度化，④リスクへの認識の変化，⑤コスト意識の増大などがある。このように，1990年代以後に見られる企業をめぐる経営環境の変化やリスクマネジメントに対する人々の認識の高まりなどがその重要な諸要因であることが見受けられる。表7-2は，従来のリスクマネジメントとERMを比較したものである。

さらに，近年では，ERMに対する新たな動向として以下の3つについて紹介する。

第1に，改訂版のトレッドウェイ委員会支援組織委員会（COSO）のERMフレームワークを導入していることである（黒波，2016）。ここでいうCOSOと

表 7-2　従来のリスクマネジメントと ERM の比較

	従来のリスクマネジメント	ERM
対象リスク	純粋リスクと金融リスク	すべてのロスとチャンス（機会）（戦略リスク，オペレーショナル・リスク，無形リスク）
関係主体	特定の部署	関連会社を含む全社
担当	一部の管理者	全員
実施時期	定期的	継続的
使用用語	各部署や各人が，同一用語を異なった意味で使用する場合が多い	共通の理解
報告	各部署による別々の報告	統合された報告
目的	リスクの発見とマネジメント	リスクとリターンの管理による企業目標達成
意思決定の基準	リスクマネジャーの判断	取締役会のリスク政策による
目指す姿	企業の資産保全	リスク感性の向上を通じた企業体質強化，評判の向上

出所：上田（2014：110）

は Committee of Sponsoring Organizations of the Treadway Commission の略字であり，企業の内部統制を強化する目的で 1985 年に設立された米国の組織のことをいう。要するに，COSO が提示した従来の内部統制システムに加え，新たに全社的なリスクマネジメントをするフレームワークの中でリスクを識別・評価・対応するための包括的な体系が必要不可欠であるという。2004 年に発行された ERM のフレームワークは新たに 2017 年に改訂されている。

　この COSO　ERM は実際に内部統制にリスクマネジメントの概念を盛り込むことによってそれらの体制に磨きをかけているという評価がある（大森，2021）。これまで内部統制は，一般的に企業の経営者や経営トップを担う者による経営管理の一環として捉え，経営者からのその下部の資産管理業務や会計管理業務及び業務管理を行う概念として知られている。この COSO　ERM が最近評価されている点は，2017 年に改訂されたものとして，戦略リスクとオペレーションリスクを統合するという現実的な要請に応えたことである。前者の戦略リスクは企業の戦略の質を表すのに対し，オペレーションリスクは日常的な業務を行うプロセスやシステム上の不適切さ，および外生的な事象により被るリスクのことをいう。

　COSO　ERM が盛り込まれた ISO31000（2009 年 11 月 15 日）は，リスクマネジメントの最初の国際規格である点が注目に値する。要するに，それまでに発行機関によってバラバラに提示されたリスクマネジメントの基準が国際的に統一した規格を有するようになった点は大いに評価されよう[1]。

　ISO31000 では，あらゆる組織に対応できるリスクマネジメントのガイドラインとして，以下の内容について示している。

・リスクを管理する方法として効率的かつ効果的なリスクマネジメントを実行するために原則をいかに利用するか。
・当該組織に混在するリスクを統合するためにいかに計画を立てるのか。
・組織文化がリスクマネジメントの設計と移行に影響を及ぼすかについていかに理解するのか。
・さまざまな変化が組織に影響を及ぼす際に，効果的なリスクマネジメントの

必要性をいかに確かめるのか。

・リスクマネジメントを認識・分析・評価し，必要に応じてリスクにいかに対処するのか。

・ステークホルダーとのコミュニケーションをいかに取り，相談するのか。

・リスクマネジメントの計画プロセスをいかに監視およびレビューするのか。

・コンテキストや学んだ教訓に基づいていかに継続的に改善していくのか。

　第2に，「戦略的リスクマネジメント」を構築する動向についてである。この戦略的リスクマネジメントとは，変化の激しい経営環境に対応し，経営戦略を実行する際に，ERM を全社的戦略と統合し，適切な経営資源配分が可能な体制づくりを行うことである。そのため，企業のレジリエンス（resilience, 困難な状況に直面した際に，それらを乗り越える能力）を高め，当該企業を取り巻いているさまざまなステークホルダーからの評価を受けることが可能になる。

　第3に，デジタル時代における ERM の進化に関する動向についてである。これは DX リスクマネジメントともいわれ，主に DX の技術を活用したリスクマネジメントの手法とその効果について注目している（大茂, 2022）。特に，近年注目されているサイバー攻撃への対応の重要性について強調している。DX の導入によって期待できる利益と損失の可能性を見極め，組織全体として体系的かつ戦略的にリスクに備えるべきであるという。

　2018 年に制定された ISO 31000 では，リスクを「目的に対する不確かさの影響」と定義する。同国際規格によれば，リスクの発生頻度の面において高いのがリスクマネジメント，低いのがクライシス・マネジメントであるというスタンスをとる。図7-2 には ISO 31000（2018年版）についてのリスクマネジメントの原則，フレームワーク，およびプロセスについて示している。

　では企業の内外に潜んでいるリスクに対応し，いかなるプロセスをいかに構築し維持すべきなのか。リスクマネジメントの国際規格である ISO31000（2018年版）によれば，リスクマネジメントのプロセスには，①コミュニケーションおよび協議，②適用範囲，状況，基準，③リスクアセスメント，④リスク対応，

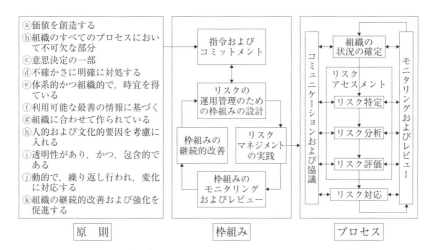

図 7-2　リスクマネジメントの原則，フレームワーク，およびプロセス
出所：「ISO 3100:2009」（Risk management Principles and Guideline）。大森（2021：83）から再引用

⑤モニタリングおよびレビュー，⑥記録および報告が含まれているという。

2. サプライチェーンリスク

　1990年代に入り，グローバル化，情報化，モジュール化などものづくり・ルールの変化など企業を取り巻く経営環境の急激な変化により，企業の経営者，その中でもグローバルな事業展開を繰り広げている多国籍企業の経営者はグローバルなサプライチェーンで発生しうるリスクを常に考慮した経営を余儀なくされている。サプライチェーンリスクに関する研究はハーバード大学のクラルジック（Kraljic, 1983）の研究から始まったといえる。その後，多くの研究者たちによって供給リスク，納品遅れ，財務リスク，自然災害リスクなどの分野に視野が広がったという。2000年以後はテロ・ストライキ・戦争などの大規模な人災と自然災害が頻発し，それらへの対応の重要性を問う研究がなされた（久保・松川，2015）。特に，このサプライチェーンリスクに関する研究は，主に概念的研究，実証的研究，定量的研究に大別されるが，ここではその具体的内容については省略することにする。

久保・松川ら（2015）によれば，サプライチェーンリスクへの対応策として特に重要なポイントが「サプライチェーン見える化」であるという。周知の通り，現代企業のものづくりは一企業の垣根を越えてサプライチェーン・マネジメントが行われるため，リスクが発生した際にはサプライチェーン全体を迅速で的確に把握できる仕組みを造り上げることが問われる。このサプライチェーン見える化には，見える化の主体によって川下の企業が川上に近い企業との情報共有を可能にする「供給の見える化」と，原材料を調達する川上の企業が消費者に近い川下の企業の情報を共有できる「需要の見える化」に大別される。

前者の「供給の見える化」については，手持ち在庫，リードタイム，調達BOM（Bill of Materials，部品展開表）情報などがリスクマネジメントという観点から有効に利用できる。ここでいう調達BOMとは，当該企業の製品の製造や組み立てに必要とされる部品，材料，サブアセンブリなどのリストのことをいう。これは主に企業内の調達部門に利用されることが多いが，自社の生産部門にとって何が必要な部品や材料なのかを決め，それらの情報を基にサプライヤーから調達する際の基準として提示できる。この調達BOMの主な要素には，各部品に割り当てられた部品番号，部品名，製品一つを作るために必要とされる各部品の数量，部品の供給元に関するサプライヤーの情報，納期，各部品のコスト情報などがある。これらの情報を的確に把握することによって，年々複雑化しつつあるサプライチェーンに対し，生産部門は特定部品の物流経路を把握でき，災難時に必要とされる対処措置を講じることができる。

3. リスクマネジメントとしてのBCP

ここでは近年，リスクマネジメントの一環として災害時に備えて必要な企業の対策としてBCP（business continuity plan，事業継続計画）に注目している。このBCPは，「事業継続と復旧計画（business continuity& Resiliency planning）」と呼ばれたりもする。内閣府は2005年8月に「事業継続ガイドライン」を公表し，2016年にその内容を改定した。同ガイドラインによれば，「大地震等の自然災害，感染症のまん延，テロ等の事件，大事故，サプライチェーン（供

給網）の途絶，突発的な経営環境の変化など不測の事態が発生しても，重要な事業を中断させない，または中断しても可能な限り短い期間で復旧させるための方針，体制，手順等を示した計画のこと」を事業継続計画と呼ぶという[2]。これは当該企業が自然災害リスクにより事業の継続性に甚大な被害を受けることを想定し，可能な限り事業の中断期間を短縮できるように事前に計画及び管理を行うことでその重要性が問われている。

　近年では，これらの課題と関連して国際規格として2012年5月にISO22301（Business Continuity Management System: BCMS）が発行され，2019年に改訂された。これはBCPの構造を定めようとする国際的な動向がある[3]。このBCPの規格は，本来イギリス規格協会（British Standard Institution）が2007年11月に発行した事業継続マネジメントシステム規格であるBS259991が起源として知られている。現在はこれに範をとり，より国際標準化を進めるような形態で発展し，結果的にBCPに対する国際的な関心や要請も高まっている。

　そしてBCPの最も重要な役割は予め定められた「目標復旧時間（Required Time Objective）」を災害発生後に直ちにその財やサービスの提供をその時間までに再開することにある（李，2019）。すなわち，災害発生時に，既存の事業を「いつまでに復旧させるのか」という問いであり，この時間をいかに守るかによって，自社の財やサービスの競争優位の低下などの脅威に備えることを意味する。当該企業がより短い目標復旧時間を実現し，ビジネスの中断を最小限に抑えることが問われるが，近年ではこの目標復旧時間をより短縮するために，クラウド技術の進化，自動化とAIの活用，サイバーセキュリティの強化などが考案されている。

　要するに，これはさまざまな災害に備えるために必要とされる事業継続マネジメントの要求事項であり，グローバルなサプライチェーンがより一層，当該企業が受けうる影響領域が拡大していることへの対応策として理解されている。これはますます高度化されている技術的な発展に伴い，一企業が対応できるマネジメントの範囲が縮小していることに他ならない。図7-3は2011年3月に発生した東日本大震災後の産業実態緊急調査の結果を示したものである[4]。同図

によって，東日本大震災が発生した後に素材業種と加工業種の企業が各々の被害を把握するのにかかった時間が明らかにされている。90％の企業が自社の被災状況を把握するのに1週間から4週間程度を必要とするというさまざまな結果となった。しかし，1カ月後でも確認ができないと答えている企業があるという実態からもリスクマネジメントの重要性が問われていることがわかる。さらに，素材業種の場合，被災後「調達ができない理由（複数応答）」については，「調達先が被災したから（88％）」「調達先企業の調達先が被災したから（42％）」「流通網の不全（27％）」「計画停電の影響（35％）」「その他（12％）」という順であった。

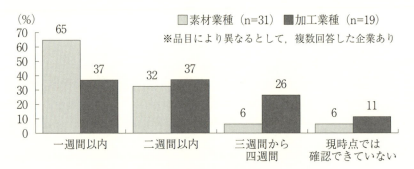

図7-3　東日本大震災後の産業実態緊急調査
出所：経済産業省（2011：1）一部改変

ISO22301は，以下のように5つの主な特長を有している。
① インシデントからの保護，② インシデント発生可能性の低減，③ インシデントに備えた準備，④ インシデントへの対応，⑤ インシデントからの復旧

さらに，これらの動向は，近年のものづくりの根幹となるサプライチェーンに生じうるさまざまなリスクに備えた対策が必要不可欠であるといわれている（Schlegel and Trent, 2014；久保・松川，2015）。具体的には，サプライチェーンリスクマネジメントといい，ますますグローバル化し複雑化するサプライチェー

第7章　リスクマネジメントと生産管理　143

ンにおけるリスクを特定・評価・軽減するための包括的で体系的なフレームワークが必要であるという。

　一方，コンビニエンスストアの店長が行った「被災地域での慈善活動は法律的に適切な行動であったかどうか」という議論があったことは非常に興味深い。要するに，被災地域での慈善活動は当該企業にとって最も重要なステークホルダーである株主の利益に反する行為であるため，事後的に責任の問題が発生してしまうのではないかという論争が起きた。実際に，現代の大企業のほとんどが外国人の株主が株式を取得しており，さらにその割合が3割を超える企業が多いのも現状である。

　したがって，リスクマネジメントという観点からは本来のステークホルダーであるはずの消費者たちが短期間で被災から回復し，サプライチェーンの本来のあり方に円滑に戻ることが期待できよう。

4．企業倫理とリスクマネジメント

　日本で企業倫理の普及に大きな貢献をした中村（1995）によれば，1990年代における日本国内での企業倫理に対する認識は当時非常に希薄であり，しばしば経済界と学界を問わず経営哲学，経営理念，リスクマネジメント（危機管理），コーポレートガバナンスなどの概念と無分別に使用されていたと回顧している。ここではリスクマネジメントを中心に双方の役割について明らかにする。ではリスクマネジメントと企業倫理リスクを区分する最も重要な基準は何かについて検討する。リスクマネジメントと企業倫理リスクを不祥事発覚の有無によるアプローチの相違であるという。すなわち，リスクを区分する基準として自然災害と人災がある。特に後者の人災に関するものとして企業の中で最初から悪い意図を持って不祥事を引き起こした場合は企業倫理と関わるリスクとして認識される。

　実際に，近年サプライチェーンをめぐるイシューは，ものづくり以外のさまざまなところからも発生している。サプライヤー側で主に発生している問題としては児童労働，人種差別，長期労働時間，労働組合権の欠如，汚染などがあ

る。さらに，メーカー側で発生している問題には，汚職，結社の自由，危険な労働状況などがある。流通業者で発生している諸問題には卸業者差別，賄賂，公正な競争，非倫理的な投資などの問題がしばしば指摘されている。

　これらの諸問題を解決するためには，社会的なコントロールが必要であるという。その形態として取り上げられているのが法律，アフィニティ・グループの規則，自主規制，倫理的教義，メディア，市民社会などがある。ここではサプライチェーンを基本的な競争単位とする際に，近年特に自主規制の手段として期待されている「責任ある企業同盟 (responsible business alliance)：以下RBA」に注目する[5]。2017年4月現在，全世界でこのRBAへ加盟している会社は140社以上であることが明らかになっている。

　このRBAは，本来米国で2004年6月から10月の間に電子製品の製造に従事していた多くの企業によって策定されたEICC (Electronic Industry Code of Conduct) の基本理念を受け継がれている。当時，このEICCのメンバーとして活躍しているのがCelestica, Cisco, DELL, Flextronics, Foxconn, HP, IBM, Intel, Jabit, Lucent, Microsoft, Sanmina SCI, Seagate, ソニーなどであった。

　一方，日本の代表的な事例にはイオングループ，NEC，ソニー，資生堂などがあった。具体的には，2003年5月に策定したイオングループの「サプライヤー CoC (取引行動規範)」，NECの「NECグループ行動規範」などであった。このRBAは，2017年に従来のEICCという名称から改名した。電子産業に限られてその遵守を促しているが，それらの産業の部品が新たに自動車，玩具，飛行機，IoTテクノロジーにも適用されていることを受け，参加できる企業の範囲をさらに広げたという。

　RBAが策定している行動規範は，主に労働環境の安全性，労働者への敬意と尊厳を払う処遇，環境保護，業務プロセスの公正性などが定められている。同規範に参加している企業に対しては，少なくとも本規範の遵守宣言とともに，サプライチェーン全体のイニシアチブとして参加企業は勿論，一次サプライヤーにも同規範の遵守を要請されている。このRBAは，基本的にILO宣言および

世界人権宣言，そして主な国際的な人権基準に基づいて制定されたものとして認識されている。

　実際に，3.11 東日本大震災の発生後，「生産調整が自社に与えた影響（三菱ＵＦＪリサーチ＆コンサルティングの 2012 年 3 月の調査）」「自社のサプライチェーンの影響確認にかかった日（経済産業省の 2011 年 4 月の調査）」「調達が困難な理由（経済産業省の 2011 年 4 月の調査）」に関する調査の結果によれば，それぞれ大企業より中小企業が受けた影響が大きい点，大体 1 週間から 2 週間の間にサプライチェーンの影響確認ができた点，そして調達企業先の被災の影響が主な原因であったことが明らかにされている。

　これらの調査結果は，当時日本の自動車メーカーに納入していた韓国の自動車部品メーカーへの影響を調べることからも明らかになる。韓国の現代自動車への部品納入の割合が非常に高いと知られている万都（株）という部品メーカーの影響にインタビュー調査を行った結果によれば，日産自動車の九州工場へ納品する部品（サスペンション）が東北地方での災害の発生によって一緒に部品の納品が 2 カ月間停止するなどの被害が発生したという（2015 年 12 月 1 日に万都（株）常務取締役 C 氏とのインタビュー）。

まとめ

　第 1 に，かつて付保可能なリスクに限定されていたリスクマネジメントは，1970 年代の米国企業を中心にその重要性が高まり，現在ではリスクの強度と頻度の増強により全社的な次元と観点でリスクマネジメント（ERM）まで認識を引き上げなければならない状況になっている。

　第 2 に，企業倫理とリスクマネジメントの主な相違点は，両者に人災として意図的で非倫理的な不正の有無にある。すなわち，近年大企業を中心に組織ぐるみで意図的な関与が発覚されるなどその深刻さが問われている。

　第 3 に，防災と BCP の最も大きな相違点は，企業の事業をいかに継続するかを経営管理や経営戦略上の観点から考えるかどうかにある。

注

1）ISO ホームページ，

   https://www.iso.org/iso-31000-risk-management.html，（2024 年 8 月 2 日閲覧）

2）内閣府が新たに策定した「事業継続ガイドライン」は以下の URL を参照すること。

   https://www.bousai.go.jp/kyoiku/kigyou/pdf/guideline03.pdf（2024 年 8 月 27日閲覧）

3）ISO 22301 については，以下の URL を参照すること。

   https://www.iso.org/standard/75106.html（2024 年 8 月 27 日閲覧）

4）経済産業省は 2011 年に行った「東日本大震災後の産業実態緊急調査」「サプライチェーンへの影響調査」の結果を以下のように公表した。

   https://warp.da.ndl.go.jp/info:ndljp/pid/3487098/www.meti.go.jp/press/2011/04/20110426005/20110426005-1.pdf（2024 年 8 月 27 日閲覧）

5）RBA（responsible business alliance）のホームページは，以下の URL を参照すること。

   https://www.responsiblebusiness.org/（2024 年 8 月 27 日に閲覧）

参考文献

上田和勇（2014）『事例で学ぶ　リスクマネジメント　入門　第 2 版』同文舘出版

大泉光一（2012）『危機管理学総論　改訂版』ミネルヴァ書房

大茂幸子（2022）『DX リスクマネジメント：DX 成功のマインドと戦略的アプローチ』東洋経済新報社

大森勉（2021）『経営戦略リスクマネジメント　理論と実践』ミネルヴァ書房

亀井克之（2011）『リスクマネジメントの基礎理論と事例』関西大学出版部

亀井克之（2014）『経営とリスクマネジメントを学ぶ』法律文化社

久保幹雄・松川弘明編著（2015）『サプライチェーンリスク管理と人道支援ロジスティクス』近代科学社

黒波美翔（2016）「社会的責任戦略コントロールの一考察：全社的リスク・マネジメント（ERM）の可能性」『経済論究』九州大学大学院経済学会，Vol.154：19-39.

経済産業省（2011）「東日本大震災後の産業実態緊急調査」，「サプライチェーンへの影響調査」の結果の公表

   https://warp.da.ndl.go.jp/info:ndljp/pid/3487098/www.meti.go.jp/press/2011/04/20110426005/20110426005-1.pdf（2024 年 8 月 27 日閲覧）

中林真理子（2007）「リスクマネジメントと企業倫理」『日本の企業倫理』企業倫理研究グループ

中村瑞穂（1995）「企業倫理への経営学的接近（現代企業と社会）」『経済学論集』第 65 巻：62-70.

ベック，U. 著，東廉・伊藤美登里訳（1998）『危険社会：新しい近代への道』法政

大学出版局

森宮康（1985）『リスクマネジメント論』千倉書房

李洪茂（2019）『リスク・マネジメント論』成文堂

山下洋史・諸上茂登・村田潔編著（2003）『グローバル SCM：サプライチェーン・マネジメントの新しい潮流』有斐閣

ラム，J. 著，林康史・茶野努訳（2016）『戦略的リスク管理入門』勁草書房

Bananoff, E., (2004) *Risk Management and Insurance*, Wiley.

Kraljic, P. (1983), "Purchasing Must Become Supply Management", *Harvard Business Review*, SEPTEMBER—OCTOBER: 109-117.

Schlegel, G.L. and Trent, R. J. (2014) *Supply Chain Risk Management: An Emerging Discipline*, CRC Press.

第8章
サプライチェーン・マネジメント

> **学習目標**
>
> 1 サプライチェーン・マネジメントの必要性と目的について理解する。
> 2 全体最適をもたらすための情報と物流の管理について理解する。
> 3 ケースを通し，モノと情報の管理について組織構造の視点から理解の深化を図る。

1. 市場環境の変化

19世紀後半から20世紀にかけて，大量生産システムが発展した。その結果，大量消費と技術革新が進み，社会全体が発展した。現在に至っては，経済とそれに影響を受ける市場環境が大きく変化し，消費者には以下のような特徴が生じている（今泉，2004）。

1.1 消費者側の特徴

① **顧客の嗜好の多様化**：日本経済の発展により消費者の生活水準が向上し，顧客それぞれの嗜好が多様化することで，製造・供給側もそれに対応してさまざまな製品を供給する必要性が高まっている。

② **短納期化**：顧客は，目の前に製品が無い場合でも，できる限りそれが短時間で手に入ることを強く望んでいる。すなわち，リードタイムを短くすることが要求されている。

このように，同一製品を大量に生産し「作ったものを売る」だけの時代は終

わり，供給業者側にはさまざまな顧客からの要求に対応しながら以下のような点を考慮した製品・サービスの供給が求められている。

1.2　供給業者側の特徴

① **ライフサイクルの短縮化**：製品ライフサイクルはきわめて短くなってきており，一製品が長期間にわたって売れ続けるということは期待し難い。

② **小ロット化**：大ロットの生産は規模の経済という意味では望ましいが，在庫過多やライフサイクルの短縮化という現実を考慮すると小ロット化を選ばざるを得ない。

③ **需要予測の困難さ**：製品の多様化やライフサイクルの短縮化と関連し，需要変動がきわめて増大しており，個々の製品の需要量を正確に予測することはきわめて困難である。

2.　バリューチェーンとサプライチェーン

　供給業者を含めた企業の製品供給とはどのような活動によって成り立っているのか。サプライチェーン・マネジメントを正しく理解するうえで，先ずバリューチェーンとサプライチェーンについて詳しく触れていく。

2.1　バリューチェーンとは

　企業の事業活動は原材料調達から製造，流通，販売を経てアフターサービスにいたるまで多岐にわたる。しかし企業が創造する付加価値は，活動ごとに生み出された価値を単純に合計したものではなく，それらが複雑に絡み合い連鎖して生み出された価値である。バリューチェーンは，企業或いは，企業間における各事業活動を，**価値創造のための一連の流れ**として捉える考え方であり，「価値連鎖」と言い換えられる。

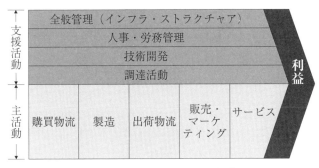

図 8-1　バリューチェーンの概念図
出所：マイケル・ポーター・土岐坤他 (1985)

2.2　サプライチェーンとは

　バリューチェーンに対し，サプライチェーンは製品の原材料／部品の調達から，製造―在庫管理―配送―販売までの一連の流れである。つまり，サプライチェーンとは資材調達から生産・流通を経て顧客への商品の納入までの企業内外の供給業務の一連のプロセスであり，**開発を除いた生産と販売活動の「供給連鎖」**である。

図 8-2　サプライチェーンのイメージ

3．サプライチェーン・マネジメントとは

　すでに述べたように，今日のサプライチェーンにおいて供給業者には，単純に製品を製造して供給するのみでなく，さまざまな顧客の要求に対応した製品供給が求められている。このような状況下，供給側として「需要をいかに満足させるか」ということが最大の課題である。この課題を克服するために注目さ

れるようになったのが**サプライチェーン・マネジメント**である。サプライチェーン・マネジメントとは，小売りから卸，物流，部品メーカーまでを統合し，**販売や生産，在庫等の情報や物流の管理を部門や企業間で一元化**することで，納期短縮や在庫削減，顧客ニーズへの対応力強化につなげる手法である。

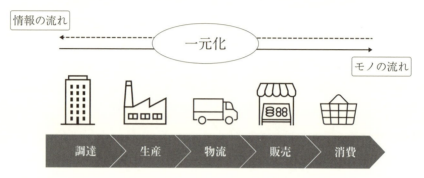

図 8-3　サプライチェーン・マネジメントのイメージ

3.1　サプライチェーン・マネジメントの目的

　サプライチェーン・マネジメントを行う主な目的として，財やサービスの「**低コスト供給**」「**迅速な供給**」「**確実な供給**」「**継続的供給**」「**広範な供給**」の 5 つが考えられる（由井・安田，2008）。

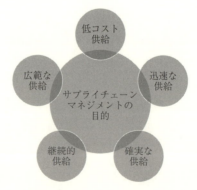

図 8-4　サプライチェーン・マネジメントの目的

① **低コスト供給**：適切なサプライチェーンを導入し，生産拠点の立地や**在庫配置・輸送手段などを最適化**することにより，製品供給に要する費用が削減されることが期待される。

② **迅速な供給**：市場需要の変化に素早く反応するサプライチェーンの能力によって，短い時間で製品の供給が行われることである。顧客は一般に，できるだけ早く製品を入手することを望み，企業は**正確な需要情報に基づいて供給を行う**ことができる。

③ **確実な供給**：消費者は即座にあるいは指定期日に製品を入手できることを望んでいる。原材料の調達が不安定な場合や災害等で**生産・流通に支障が生じているような場合**であっても，確実に消費者へ製品を供給できるようサプライチェーンを構築する必要がある。

④ **継続的供給**：サプライチェーンは顧客に継続的な購買を働きかける必要がある。そのためにサプライチェーンは顧客の信頼を獲得し，**顧客との長期的な関係を維持**できるものでなければならない。

⑤ **広範な供給**：広範とは，製品供給の対象となる消費者の範囲が質的に広いことであり，それぞれの消費者の価値観は多様である。そのような消費者の幅広い価値観に対応するためには，**充実した製品群を供給する**ことが必要である。

3.2　サプライチェーンの全体最適化

　サプライチェーン・マネジメントの焦点は，上記のサプライチェーン5つの目的のために資材調達，製造，物流，販売などのビジネスプロセスをカバーして素材メーカー，部品製造業，アセンブリーメーカー，卸，小売など上流から下流の産業を連ねる物の流れを管理することにある。そこで重要となるのが，**サプライチェーン全体の最適化**である。

(1) 部分最適の問題

　サプライチェーンにおける部分最適とは，一部の部門あるいは一部の企業だ

けが，効率的かつ的確に業務プロセスを進められる状態のことを指す。つまり，部分最適化は，サプライチェーンの問題が発生する。サプライチェーンに参加している企業全体の利益の観点から考えるのではなく，各企業が自分の利益のためにそれぞれ行動するため，サプライチェーン全体の効率が低下するなどから発生する。

　ここで，ある製品の販売会社と製造業者を例にとって「迅速，かつ，確実な供給」について考えてみる。**販売会社は販売機会の損失を避ける**ため，顧客が望むタイミングで商品を用意できることが望ましい。したがって，顧客発注量の変動は避けられないと認識しつつも，いかなるタイミングでも商品を用意できていることが重要となる。つまり，必要な時に必要な量だけ製品の供給が受けられる状態が望ましい。一方，**製造業者としては生産効率が重要**であるため，毎日同じ製品を決まった量だけ製造することが望ましい。1日に1000個の生産を目標にして用意した従業員や材料，そして生産ラインを突然変更することは不可能である。そのため，生産品目や生産量を平準化し，決まった種類の製品を一定数生産することが望ましい。このように，同じサプライチェーンのチャネルにある販売会社と製造業者であっても，目的や状況は異なる。つまり，販売会社は製造業者に対して，顧客が必要とするタイミングで製品をつくることを求める。製造業者は，製造の平準化ができるような製造計画が立てられるように，販売会社には確度の高い販売予測を立てることを要求する。このように，それぞれが異なる目的や主張を通そうとすることが部分最適の問題点である。

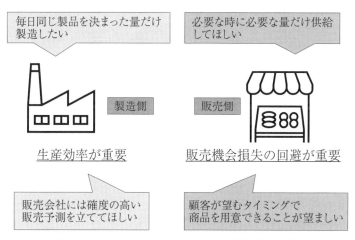

図 8-5　サプライチェーンにおける部分最適の問題

(2) 全体最適化

　生産計画を販売動向の変化に応じて迅速に修正・変更することができれば，販売動向に応じたフレキシブルな生産が可能となる（岡本，1999）。生産を販売動向に対応させるには，販売の変化に応じて生産計画を頻繁にしかも短い納期で修正する必要がある。こうした問題を解決する手段の一つが全体最適化である。例えば，製造業社が**最前線の販売情報を基に，需要動向を見越した需要予測を立てる**ことで，生産過剰による在庫負担の増大や欠品などの販売チャンスの損失が大幅に減少する。また販売部門も，**メーカーの正確な生産情報や納期を知る**ことで，欠品を恐れて多めに発注する必要がなくなる。このように，サプライチェーンにおける個別企業や特定部門のみの部分最適化の問題を是正し全体最適を実現させる必要がある。それには**情報や物流管理の一元化**（シンクロナイゼーション）が必須になる。つまり，サプライチェーン・マネジメントに必要な「全体最適化」には情報と物流の管理が重要となる。

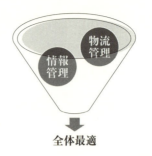

図8-6　サプライチェーン・マネジメントの全体最適化に必要な要因

4. 情報と物流の管理
4.1　情報の管理

　サプライチェーンにおける諸活動の最適化には，開発，生産，購買，物流，店舗などの各部門や外部の関連企業との情報共有が不可欠である（高松・貝, 2009）。しかしながら，サプライチェーンは原材料の調達から商品の生産・販売・納品までのすべてを含むため，外部の企業を含め，**全体にわたり完全に職能横断的な情報を運営レベルで共有することは現実的には難しい**。現場のオペレーション管理という視点では現実的には全体的な情報共有が不可能である。そこで，「情報の集約化による全体的調整」という考え方が生まれてくる。つまり，**ある特定の部署や企業が情報管理を一元化し，全体のコントロールや部門間調整を図る**。これを実現するには，管理レベルの組織構造が必要となる。

4.1.1　全体最適化のための組織構造

　サプライチェーン上の販売側にとっては多数店舗を抱えている場合の需要予測や，複数の取引先を抱える製造業者が生産の標準化を図ることは困難である。その意味では，サプライチェーンにおける全体最適化を図るうえで重要なのが適切な組織構造の構築である（中野・松山, 2015）。また，情報共有する部門や企業の情報の扱い方と共有の仕方には異なる点がある。サプライチェーンを「組織構造」から捉えると，一つの企業内で構成されるものと複数の企業間で展開されるものに分類できる。ここでは，企業内，企業間それぞれのサプライチェー

ン・マネジメントにおける情報共有について，具体的なケースを交えて説明していく。

(1) 企業内サプライチェーンのパターン
外食チェーン展開の例

外食チェーン企業の発注課は，情報のコントロールを担う単位として調達，生産，販売といったサプライチェーン全体を管理している。

外食業においてチェーン展開を実現するにはすべての店舗で品質や量の統一，店舗開発などの経営管理技術が必要である（原，2021）。外食産業において店舗のチェーン展開を行う企業は，主に製造工場や物流センター等のサプライチェーンで全体最適化を図ることにより効率化を図っている。

① 発注課は，仕入先，製造，物流，店舗に，**発注や製造数量指示**を行う。
② 仕入先と仕入価格の決定権がある仕入部には，発注課が**発注指示**を行う。
③ 製造工場への製造指示や物流センターへの**出荷指示**も発注課が行う。

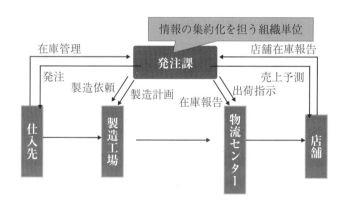

図8-7　外食チェーン企業のサプライチェーン
出所：原俊之（2021）

図8-7に示されているように，本事例においてチェーンを展開する企業の特徴は，情報の一元化を担う発注課が他の各部門に代わってさまざまな指示を出している点である。仕入先への発注，製造工場への製造依頼，物流センターへ

の出荷指示，店舗への売り上げ予測のすべてを発注課が行うことが各部門とのコミュニケーションにつながり全体最適を実現させている。つまり，**発注課は情報の集約化を担う組織単位**である。発注課がグループ全体の情報を一元的に集約することによって，在庫としての食材は消費期限切れによる廃棄が無く，同質の調理品を手頃な価格で多量に供給することが可能となる。

(2) 企業間サプライチェーンのパターン

液晶パネル供給の例

液晶パネルのサプライチェーンにおいて，商社による取引構造的な参入が製造業者のパフォーマンスに効果をもたらしている。

液晶業界において，液晶パネルメーカーは，エンドユーザーの需要に合わせた多種多様な部材を短納期で調達することによって競争力を維持している。

① 液晶パネルメーカー（セットメーカー）は，液晶部品を外部から調達し，完成体としての液晶パネルを組み立て，エンドユーザーに販売する。
② 液晶部材メーカーは，キーデバイスである液晶部材を製造する
③ 商社はパネルメーカーからの発注に基づき，部材メーカーから製品を仕入れパネルメーカーに納入する。その際，部材メーカーの生産リードタイ

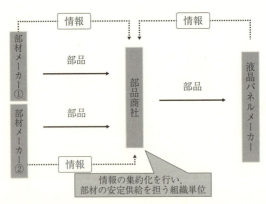

図8-8　液晶パネルメーカー，部品商社，部材メーカーの関係
出所：遠藤龍生（2010）

ムとパネルメーカーの納期を調整する役割も担う。

本ケースで液晶パネルのサプライチェーンにおいて、商社がパネルメーカーと部材メーカーの取引の間に参加している。これは、企業間で注文される製品の仕様や種類、数量などの**情報を把握すること**を意味する。つまり、商社は、パネルメーカーの需要と部材メーカーの供給に関する**情報の集約化を行いながら部材の安定供給を担う組織単位**である。商社が複数の部材メーカーと取引関係を有していることで、多様な部材が必要となるパネルメーカーの需要に対して柔軟な供給が可能となる。その結果、パネルメーカーは部材調達にかかる業務負荷等のコストや在庫の削減、あるいは納期短縮といった顧客ニーズへの対応力強化につなげている。また、すり合わせ頻度の高い商材において主体的に調整に入ることでパネルメーカーとの取引の流れを含めた部材メーカーの業務を円滑にする。このように、情報の集約化を行う組織単位である商社は、液晶パネルのサプライチェーンにおいて部材の品揃えや安定供給といった全体最適化を実現している（遠藤，2010）。

また、部材メーカーの製品をパネルメーカーに納入する販売代理が商社の主な機能であったが、商社がパネルメーカーの要求に対応するために加工や組立を行いパネルメーカーに販売するケースもある。例えば、商社が自ら加工機能を持ったり、外部の加工会社に委託したりしてパネルメーカーから提示される設計や仕様の詳細に沿った加工／組立を行う。このように、自社の機能を高め全体最適化に貢献することで、サプライチェーンにおける存在意義を高めようとする組織も存在する。

4.1.2　業務支援システムの導入

サプライチェーンにおいて企業や部門が情報の一元管理を行う手段の一つとして、EDIシステムが挙げられる。EDIシステムとは、企業間あるいは部門間が必要とする契約内容や需要予測、在庫などの情報を、電子データの形で送受信する業務支援の仕組みである（藪田ら，2008）。情報の一元管理を担う企業や部門は、EDIシステムを通して**サプライチェーン上の各企業や部門に発注**

情報やその予測に有用な情報を同時送信することができる。情報の一元管理を担う企業が，そのようなデータを取引先であるメーカーや部門へ発信すると，サプライチェーン上の企業や部門は発注から納品，販売に関する一連の情報をすべて確認することができる。このように，インターネットの普及でサプライチェーンに参画する企業や部門のそれぞれが各所との間で**複雑な情報のやりとりを行う必要はなくなり**，企業間や部門間ネットワークを構築し，企業や部門間のさまざまな情報が瞬時に共有され処理できるようになった。

4.2　物流の管理

　サプライチェーンで全体最適を達成するには，欠品などが起こらないようにするための「適正な在庫管理」のほか「コスト削減」を図るなど，物流全体を管理する必要がある（田口，2009）。物流を最適化するためのシステムをロジスティクスという。その意味でロジスティクス管理は，調達，生産，販売，物流といった機能を横断する業務であり，一元化された情報の受発信「情報管理」とリンクすることで，より有効に機能する。つまり，情報の一元化に加え，物流（ロジスティクス）の効率化もサプライチェーンマネジメント（SCM）の全体最適化を図るうえで主要な要因となる。ここでは，物流業務の詳細について具体的な例を交えながら説明を加える。

4.2.1　物流のパターン

　物流には航路，海路，そして陸路を使った3つの輸送パターンがある。それぞれの方法ごとに必要とする時間やかかるコストが異なるため，輸送する貨物の特性に合った最適な方法を選択することが重要となる。

① **航空輸送**：航空機によって人・貨物などを輸送する手段。特に遠方に貨物をする場合や国際貿易において海上輸送と並び重要な位置を占めている。輸送時間が短くて済むメリットがある一方で，海上輸送に比べると費用が高いというデメリットがある。

② **海上輸送**：船舶によって貨物を輸送する手段で，大型産業機械や大量のコ

ンテナ，燃料やガス，など特殊な貨物を運ぶことができる。特に大量・大型貨物の輸送に適しているが輸送リードタイムは長くかかるというデメリットがある。一方で，航空輸送に比べると低コストで済むメリットがある。

③ **陸上輸送**：トラックや貨物車，あるいは鉄道貨車で人・貨物などを輸送する手段。貨物の量や形態，輸送距離によって車両か鉄道かを使い分けている。また，海外との輸出入における輸送でも頻繁に活用される。例えば，大量の貨物を海上輸送で輸入する場合は，目的地が港以外であれば港からの陸上輸送が必須となる。

4.2.2 国際複合輸送

国際複合輸送とは，「複合輸送人がその管理下においた一国のある場所から，荷渡しのために指定された他国のある場所までの複合輸送契約に基づく，少なくとも，2つの異なる運送方法による物品の運送」である。複合運送人とは，主に運送会社（キャリア），および港運業者，陸運業者，倉庫業者など（フォワーダー）を指す（市來，1987）。荷主と運送人との単一輸送契約のもとで特定の輸送品を船舶・航空機・鉄道／トラックなどそれぞれの輸送手段によって行われる輸送を「複合一貫輸送」と呼ぶ（大北・雨宮，2010）。さらに，「国際複合一貫輸送」は，複数の国を跨いだ最終仕向け地まで複合一貫輸送によって行う貨物輸送サービスをいう。また，安全，確実，迅速の三要素を具現化できる最適の輸送方法として，規格化されたコンテナを使用するコンテナ輸送も挙げられる。コンテナを導入することによって，国際複合輸送システムを構成する海上，鉄道，自動車輸送等の輸送手段相互の積み替えを容易にし，全体の輸送効率は大幅に向上した。

例えば，日本の自動車組立メーカーは，日本集中生産により世界に輸出する方式を得意としてきたが，貿易摩擦が問題となるなかで仕方なく海外生産を行うようになった。そのような背景や現地での制約もあり，日本の自動車組立メーカーは部品を日本から輸出し現地で組み立てを行った。その際に活躍したのがコンテナ輸送サービスであり，トラック・鉄道を組み合わせた複合輸送を「海

を越えるコンベア」として利用した（林，2008）。

国際複合輸送は，主に海上輸送か航空輸送に陸送を加えるパターンが多くを占める。ここでは，具体的なケースを交えて国際複合輸送について説明を加える。

4.2.3　日本—米国間の複合輸送
（1）海上輸送と陸送のパターン
日本—米国西岸間を海上輸送し，西岸港からアメリカの東岸の諸港まで鉄道かトラック輸送して一貫輸送を行う。

図 8-9　3PL による複合輸送イメージ（海上輸送 / 陸送）

（2）航空輸送と陸送のパターン
日本—米国における目的地近郊の空港までを航空輸送し，空港から目的地までを鉄道かトラック輸送によって一貫輸送を行う。

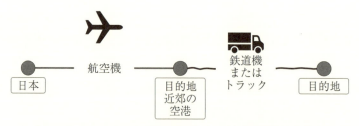

図 8-10　3PL による複合輸送イメージ（航空輸送 / 陸送）

4.2.4 物流アウトソーシングについて

製造業者を含む企業が輸送を行う場合，輸送は輸送会社に，一時的な保管などは倉庫会社に外注することが多い。この時，輸送を外注する荷主は1PL（ファースト・パーティロジスティクス），外注先の輸送会社や倉庫会社は2PL（セカンド・パーティロジスティクス）と呼ばれる。『総合物流施策大綱』では，「荷主に対して物流改革を提案し，包括物流業務を受託する業務」は3PL（サード・パーティロジスティクス）と定義されている。つまり，荷主企業や運送会社もしくは倉庫会社以外の第3者の立場から荷主に代わって物流サービスを提案する業務である。大型貨物，大量貨物，あるいは特殊貨物の遠距離輸送は，多くの場合この3PLパターンで行われている。3PLを利用することによって荷主が得られるメリットとしては，次のような点があげられる。

① 一貫責任の利便：複合運送人が運送区間全般に一義的な責任を負うため，荷主には事故処理などの対応が不要となる。

② 一貫輸送の利便：複合運送人が全区間の運送を一括して手配するので，荷主は複数の輸送業者に手配する必要がない。

③ 運賃・輸送期間の利便：荷主は最適の運賃・輸送期間の輸送方式を採用することにより，**物流の合理化をはかる**ことができる。

● グローバルSCMの事例

建設機械製作のSCMの例

日米機械メーカーによるジョイントベンチャーでは，商社を介して日本メーカー部品を米国メーカーの生産工場へ納入し，米国内需要に合わせて完成品を出荷する。

米国の建設需要に応じた作業用重機や機械を供給するグローバルレベルのサプライチェーンの効果的かつ的確な運用が必要となる。

① 米国の建設機械メーカー（セットメーカー）は，建設機械を構成する部品の一部を日本から調達し，建設機械を完成体として組み立てて出荷する。

② 日本の建設機械メーカーは，建設機械を構成する部品の一部を製造する。

商社の指示に沿って部品を生産し，一定量の部品を定期的に出荷する。
③ 商社は，米国側メーカーの生産計画とそれに基づく情報を精査したうえで日本側メーカーへの発注指示と並行し，輸出業務を含めた物流業務のすべてを担う。

図 8-11　3PL による複合輸送イメージ（航空輸送・海上輸送 / 陸送）

このケースで商社は，米国メーカー現地生産工場の生産計画や実際の生産状況に沿った出荷指示を受け，日本メーカーへの発注，生産リードタイムや出荷時期などの納期を調整する役割を担う。それと同時に，把握している発注 / 出荷情報に沿って 3PL として国際複合輸送の手配も一括して行う。このように，**商社は国を跨いだ拠点間における情報の集約化を担うと同時に，情報に基づいて物流業務を実行 / コントロールするロジスティクス組織**としての役割も担っている。その結果，米国工場には円滑でムダのない供給ができ，さらに米国―日本のメーカーはロジスティックス面の業務負担が除かれ，部品や完成体の生産に集中することができる。このように，商社という組織体が参加することによってサプライチェーン全体を通したロジスティクス・マネジメントを実現している。

まとめ

　需要が多様化するなかで，製品の供給業者には，「低コスト供給」「迅速な供給」「確実な供給」「継続的な供給」「広範な供給」を目的としたサプライチェーン・マネジメントが求められている。サプライチェーンにおける全体最適化には情報や物流業務プロセスの一元化が必須になり，サプライチェーン全体の情報やロジスティクスを担う単位組織（部門や企業）が必要となる。そのような組織体の働きによって，複数主体が一体であるかのように受発注情報，生産情報，物流情報，納品情報，販売情報を共有し，製品（部品や完成品）を必要とする部門や企業，エンドユーザーにタイムリーな供給が可能となる。また，サプライチェーンの全体最適化にはコスト削減や事業価値／企業成果向上といった一貫したポリシーが必要であり，それを考慮した組織体制が求められる。

参考文献

市來清也（1987）「国際物流の現状と諸問題：国際複合輸送を中心として」『流通問題研究』流通経済大学流通問題研究所，8：1-40.

今泉淳（2004）「サプライチェインマネジメントにおける生産スケジューリングの役割」『経営論集』東洋大学経営研究所，62：47-55.

遠藤龍生（2010）「液晶部材のサプライチェーンと部品商社の役割—部品商社を視点とした取引関係—」『産業学会研究年報』産業学会，(25)：41-53.

大北勝久・雨宮孝（2010）「複数モードを利用した国際複合一貫輸送システムの最適化のための基礎的考察」『経営情報研究』多摩大学，18(1)：93-114.

岡本博公（1999）「サプライチェーンマネジメントと事業システム」『同志社商学』同志社大学商学会，51(1)：358-376.

高松朋史・具承桓（2009）『コア・テキスト経営管理』新世社

田口冬樹（2009）「物流改革のための SCM と 3PL の関係分析」『専修経営研究年報』専修大学経営研究所，33：1-20.

中野幹久・松山一紀（2015）「サプライチェーン管理の組織構造：文献レビュー」『京都マネジメント・レビュー』京都産業大学マネジメント研究会，26：21-40.

原俊之（2021）「外食産業のサプライチェーンマネジメント」『商学研究論集』明治大学大学院商学研究科，54：237-256.

薮田尚己・波田尚哉・木村直樹・柘植義文（2008）「単圧メーカーにおける SCM のための業務支援システムの構築」『鉄と鋼』日本鉄鋼協会，94(2)：66-71.

林克彦（2008）「日本企業のグローバル・ロジスティクス・マネジメント展開」『海

事交通研究 =Maritime transport studies』57：45-55.『経営情報研究：摂南大学経営情報学部論集』摂南大学経営情報学部，18(1)：93-114.

ポーター，M. E. 著，土岐坤他訳 (1985)『競争優位の戦略』ダイヤモンド社

由井正・安田一彦 (2008)「5 つのサプライチェーン基本型」『経営情報学会　全国研究発表大会要旨集』経営情報学会

人　名　索　引

ア　行
ウォマック，J. P.　　99
大野耐一　　45, 100, 102

カ　行
ギルブレス，F. B. &L. M. 夫妻　　58
クーパー，R. G.　　11
クラルジック，P.　　139
クリステンセン，C. M.　　118
ケリー，T.　　120
コトラー，P.　　121

サ　行
シュンペーター，J. A.　　117

タ　行
テイラー，F. W.　　32
豊田喜一郎　　100, 103
豊田佐吉　　104
豊田章一郎　　100, 105

ハ　行
フォード，H.　　56
ベック，U.　　132
ヘンリー・フォード一世　　105

ラ　行
リットマン，J.　　120

ロウ，P.　　116

事　項　索　引

ア　行
ISO31000　　137
アイディオ（IDEO）　　120
RBA　　144
アンドン　　61, 102

EICC　　144
ERM　　134
ERM フレームワーク　　136
『イノベーションのジレンマ』　　118
イノベーションの普及　　118

受け入れ国人材　　126

MTM（Methods Time Measurement）　　58
エンジニアリングチェーン　　123

オイルショック　　43

カ　行
海外移転　　26, 107
海上輸送　　160
改善　　62
科学的管理法　　32
課業　　36
価値ベース戦略　　101
GAFAM　　116
加工組立産業　　74
株主価値　　101
環境の外部化　　111
環境の内部化　　111
カンバン　　103
管理サイクル　　86

技術経営　116
基礎素材産業　73
機能別組織　121
吸収能力　125
QC サークル　102
QC サークル活動　84
QC の 7 つ道具　88
QCD　16
供給の見える化　140

クライシス・コントロール　134
クライシス・マネジメント　134

KD（ノックダウン）生産　108
研究開発　117, 127

航空輸送　160
構想と実行の分離　39
5 S　87
互換性部品　105
COSO ERM　137
コモディティ化　117

サ 行
作業時間研究　35
作業標準書　87
サプライチェーン　111, 151
サプライチェーン・マネジメント　151
　　──の目的　152
サプライチェーン見える化　140
サプライチェーンリスクマネジメント
　142
サプライヤー CoC（取引行動規範）　144

CRO　134
GM　106
事業継続ガイドライン　140
事業継続計画　111
事業継続と復旧計画　111
持続的イノベーション　118
自働化　61, 104
自動化　104
シニオリティ・システム　101
GPC（Global Production Center）　110

ジャストインタイム　103
ジャストオンタイム　103
少人化　102
情報の管理　156
職務再設計　44
ジョブ理論　119
新時代の「日本的経営」　21
新製品開発マネジメント　116
人的資源管理　124

ステージゲートプロセス　119
スローン方式　100

生活関連産業　74
生産管理論　13
製造技術　63
製造品質　78
製品開発　115
製品開発力　115
製品コンセプト　124
設計品質　77
全体最適化　155
専用工作機械　105
戦略的リスクマネジメント　138

総合品質　77

タ 行
第三国人材　126
ダイナミック・ケイパビリティ　125
大量生産　106
多能工化　102
段取り替え　102

地域統括本社　128
調達 BOM　140

提案制度　102
TMM 社　107
TQC　85, 102

動作研究　58
トヨタウエイ　60
トヨタ自動車　99

事項索引　169

トヨタ生産方式　46, 99
トランスナショナル型組織　128

ナ　行
成り行き管理　32

日本的経営の三種の神器　19
日本的柔軟性　45
認知の役割　68

NUMMI 社　107

ハ　行
破壊的イノベーション　118
バリューチェーン　150

BCP　140
標準化　102
品質　74
　——の 5 要素　80
　——の種類　75
　——のバラつき　82
品質管理　78

フォーディズム　60
フォードの生産方式　56
フォード方式　100
プッシュ方式　104
物流アウトソーシング　163
物流の管理　160
不良に掛かるコスト　92

プル方式　104
フレキシブルなマス・プロダクションシステム　106
プロジェクト志向型組織　125
プロジェクト組織　122

米国式製造システム　105
平準化　102

本国人材　126

マ　行
「マザー工場」制度　109
マトリックス組織　122

メタナショナル型組織　128

Made in America　60
目標復旧時間　141

ラ　行
ラインバランス　57

陸上輸送　161
リスク　132
リスクマッピング　133
リスクマネジメント　135
リーン生産　60
リーン生産方式　99

レジリエンス　138

編著者

文　載皓（むん　ちぇほー）

1996 年　生まれ
2000 年　明治大学大学院商学研究科博士後期課程修了
現　職　常葉大学経営学部准教授　博士（商学）
学　会　日本マネジメント学会常任理事

主要著書
『現代の経営組織論』（編著）創成社，2023 年
『多国籍企業の理論と戦略　改訂版』（編著）学文社，2023 年
『改訂版 経営戦略要論』（編著）創成社，2023 年
『現代の企業倫理』（単著）創成社，2024 年

など多数

生産管理とマネジメントの進化

2025年3月31日　第1版第1刷発行

編著者　文　　載皓

発行者　田中　千津子

発行所　株式会社 学文社

〒153-0064　東京都目黒区下目黒3-6-1
電話　03（3715）1501 ㈹
FAX 03（3715）2012
https://www.gakubunsha.com

©Moon Jaeho 2025

Printed in Japan
印刷　新灯印刷㈱

乱丁・落丁の場合は本社でお取替えします。定価はカバーに表示。

ISBN978-4-7620-3410-7